JN172127

徹底追及 築地市場の豊洲移転

赤旗編集局 著／日本共産党 東京都議団 監修

崩された
「食の安全・安心」

新日本出版社

まえがき

「築地ブランド」で国内外に知られ、親しまれてきた世界最大級の水産物市場、東京都築地市場（中央区）。いま、この築地市場を廃止し東京ガス豊洲工場跡地（江東区）に移転するのかどうかが、東京都政の大問題になっています。

都政混乱の大本は、石原慎太郎知事（当時）が２００１年、築地市場の現在地再整備計画を放棄し、東京ガス豊洲工場跡地に市場を移転する計画を強引に決定したことに起因します。「食の安全・安心」が最優先されるべき卸売市場を、発がん性物質のベンゼン、猛毒のシアン化合物、ヒ素、水銀などで高濃度に汚染された工場跡地に移転しようとする無謀な計画です。

２０１６年に衝撃的な新事実が、発覚しました。日本共産党東京都議団（17人）が9月12日の記者会見で、市場施設の地下は土壌汚染対策として実施したと説明してきた盛り土工事を都が行わずに、巨大な地下空間をつくっていた事実を告発しました。

16年7月の都知事選で初当選した小池百合子知事は8月31日、舛添要一前知事が決めた11月7日の豊洲新市場開場計画の延期を決定。17年1月に公表する9回目の地下水の汚染調査結果などをもとに、移転問題について総合的な判断を行うと表明しました。9回目の水質調査では深刻な汚染が判明し、市場業者や消費者から「食の安全・安心」を危惧する声は高まるばかりです。

本書は、16年にわたって「食の安全・安心」を脅かす市場移転計画の闇をあばき、警鐘を鳴らしてきた日本共産党都議団の活動と、「しんぶん赤旗」（以下、本紙）がこの問題をどのように報じてきたのかをまとめました。

本紙の豊洲問題取材班が16年9月から10月にかけて掲載した「追跡　豊洲新市場　崩れた〝安全神話〟」（11回）の連載をはじめ、これまで報道してきた記事をもとに再構成しました。経緯を説明するために、一部で重複する記述があることを、あらかじめご了承ください。

無謀な豊洲への市場移転計画を強引に進めた石原氏とともに、6000億円近くの移転関連予算に賛成し、計画を推進した都議会の自民党、公明党などの責任は重大です。

石原都政の下で、都民の税金から1000億円を出資して設立した新銀行東京も、開業3年目の08年に経営破綻状態に追い込まれ、出資額の大半を棄損し、400億円を追加出資する惨憺《さんたん》たる事態を招きました。これも石原氏がトップダウンで決定し、自民党、公明党などが賛美・推進してきた都民不在の事業です。

17年7月には東京都議選が行われます。長年にわたって黒いベールで隠されてきた築地市場移転問題の真相と、都議会のどの会派が都政の暴走をチェックする監視役を果たしてきたのかについて、本書を参考にしていただければ幸いです。

（文中の肩書、年齢などは当時のものとしました）

「しんぶん赤旗」豊洲問題取材班

徹底追及　築地市場の豊洲移転——崩された「食の安全・安心」＊目次

1章　追跡　豊洲新市場予定地――崩れた〝安全神話〟

1　〝盛り土なし〟共産党都議団調査に衝撃

■「実は空洞になっています」

水産物の取扱量が世界最大で、日本の卸売市場の代名詞である築地市場（中央区）の移転先として東京都が整備してきた豊洲新市場（江東区）。その土壌汚染対策として行ったと都が説明していた盛り土が行われず、食品を扱うすべての建物下に地下空間があることを日本共産党東京都議団の調査で突き止め、大激震が走りました。「安全・安心」という大前提が根底から揺らぎ、都が都民をあざむいて振りまいてきた〝豊洲安全神話〟は崩れ落ちました。党都議団の調査と併せ、豊洲新市場をめぐる問題を追います。

「実は空洞になっています」。豊洲新市場の耐震上の問題などについて、建築関係者の情報提供

豊洲新市場の地下の写真パネルを示して記者会見する日本共産党都議団
＝ 2016 年 9 月 12 日、東京都庁

も受けて調査していた共産党都議団に対し、都の職員が図面を示しながら、市場施設の地下には土壌汚染対策で行ったとしてきた盛り土がなく、地下空間が存在することを認めたのは、２０１６年８月25日のことでした。

事態を重大視した党都議団は都に対し、現地視察を繰り返し申し入れ、ようやく９月７日に水産卸売場棟（７街区）地下の視察が実現。都議団が目にしたのは、建物の地下に広大な空間が広がり、あたり一面に水がたまっている光景でした。

■小池知事に提言

共産党都議団は９月12日に小池百合子知事に対し、この地下空間問題をはじめ土壌汚染対策の欠陥を指摘するとともに、新市場の建設費の高騰や談合疑惑など豊洲新市場をめぐる〝闇〟

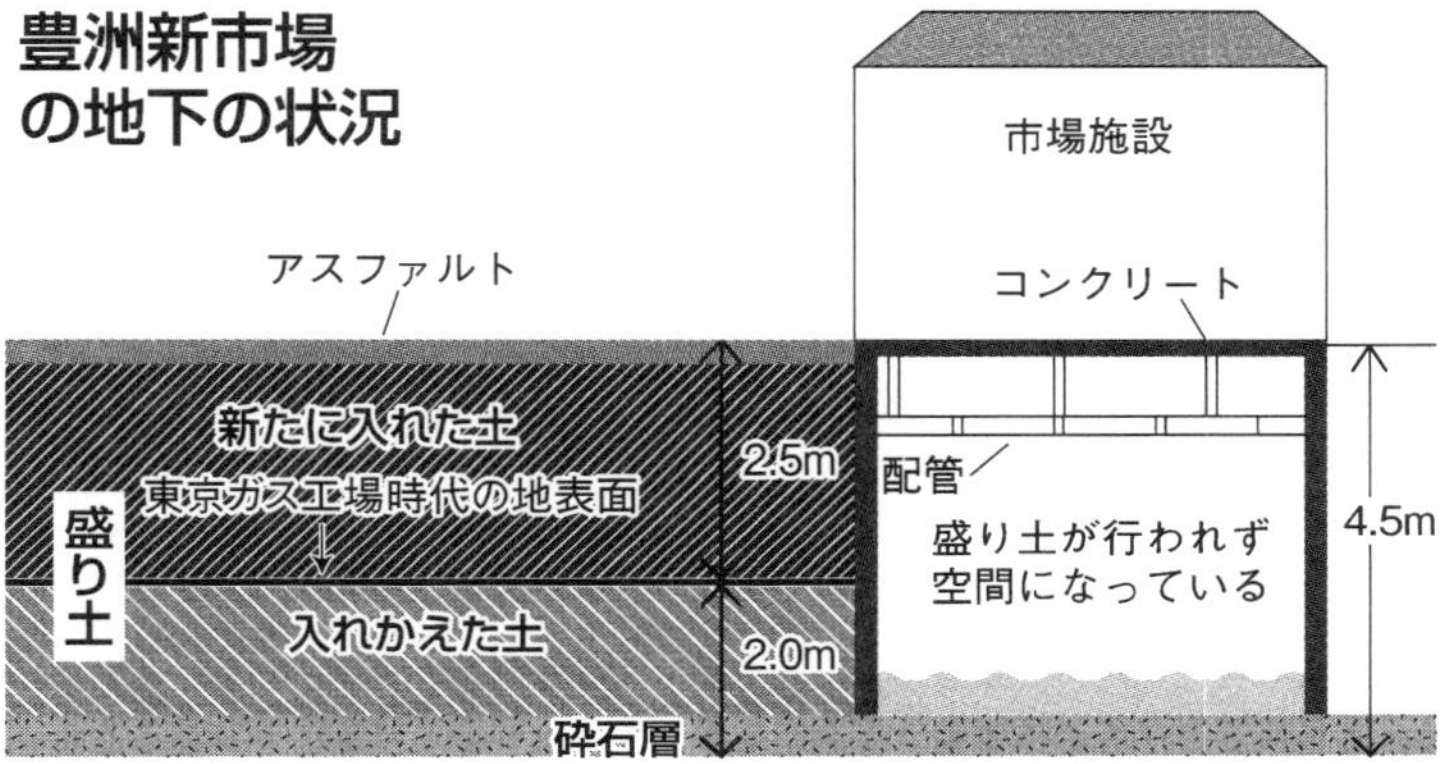

について徹底究明し、移転中止を含めた最善の解決を求める「提言」を提出しました。小池知事が9月10日の土曜日に異例の緊急会見をしたのは、共産党都議団の動きを察知してのことでした。

２００１年に、当時の石原慎太郎知事が強引に築地市場の移転先に決めた豊洲新市場は東京ガスの工場跡地で、購入前から土壌が高濃度汚染されていることが判明していました。都の用地取得後も土壌から高濃度の発がん性物質ベンゼン、猛毒のシアン化合物、ヒ素などが検出されていました。

党都議団は当初から築地市場の移転に反対し、現地調査し、議会で追及してきました。

土壌汚染対策を迫られた都が設置した専門家会議は08年、環境学者から調査も対策も不十分との批判を受けながらも、土壌を２メートル掘削して、新たに厚さ４・５メートルの盛り土を行うことで汚染物質を遮断するという対策を提言。都は新たに技術会議を設置し、具体化の検討を依頼しました。

それにもとづいて工事を行ったとして、都は都議会や都民に対して「土壌汚染対策は完了した」、新市場の「安全性が確認できた」と繰り返し説明してきました。

それらがウソだったのです。

■移転白紙撤回を

豊洲移転に反対してきた「築地市場・有志の会」の和知《わち》幹夫さん（築地市場仲卸業）は「こんなでたらめなことをやって、本当にひどい。地下空間のすぐ下には汚染物質がたまっている。それをきれいにすることはできない。こうなったら白紙撤回以外にない。市場は築地で現地再整備すべきだ」と憤ります。

マスコミは、共産党都議団が突き止めた豊洲新市場問題を一斉に報道。新聞やテレビ各局は「日本共産党東京都議団提供」との字幕付きで地下空間の写真を繰り返し紹介。盛り土問題を最初に指摘した党都議団には連日、取材が殺到しました。

2　新事実、次つぎ明らかに

■「胸がすく思い」

「今回の豊洲市場の盛り土問題のご指摘には、『よくぞ』と、胸がすく思いがいたしました。このような指摘ができるのも、何らしがらみがない国民目線の政党だからではないでしょうか」。豊洲新市場（東京都江東区）問題を明らかにした日本共産党都議団には、全国から激励の電話やメールなどが寄せられました。

党都議団は、市場建物地下の調査で盛り土が行われていなかったことを発表した16年9月12日の会見以降も、都が盛り土問題の全容を明らかにしようとしない中、独自に現地視察と調査を実施。本紙の報道とあわせ、次つぎと豊洲新市場をめぐる新事実を明らかにしていきました。

——盛り土を行わず、コンクリートで囲った地下空間の区域は、新市場全体の面積の3割を超える

——地下空間のある五つの建物のうち、四つで水がたまっており、地下水の疑いが濃い

——青果棟地下の、たまり水から環境基準の4割に当たるヒ素を検出

——市場建物の地下空間に重機を搬入するための搬入口6カ所の存在を確認

――重機搬入口は、新たに土壌汚染問題が起きた時に対処するためのものだったとゼネコン関係者が証言（本紙16年9月21日付報道）

党都議団が12日に小池百合子都知事に申し入れた「豊洲新市場整備をめぐる重大な問題点と徹底検証のための提言」では、盛り土が行われなかった問題など、土壌汚染対策をめぐる問題について第三者を交えて徹底検証すること、建設費の高騰や談合疑惑について究明することなどを求めました。

■視察を申し入れ

都議会に対しても、共産党の尾崎あや子、かち佳代子両都議が9月15日、中央卸売市場を所管する経済・港湾委員会の正副委員長、理事に、豊洲新市場問題の集中審議、現地視察を行うよう申し入れました。

小池知事は、豊洲移転を検証する市場問題プロジェクトチームを設置したのに加え、盛り土を含む土壌汚染対策を提言（08年）した専門家会議を再び設置し、調査・検証を指示。9月中に報告書をまとめるよう指示しました。

総額5884億円もかけて整備した豊洲新市場は、「食の安全・安心」という前提が根底から崩れました。市場関係者からは怒りの声と、移転は中止をとの声が高まっています。

全労連全国一般・東京中央市場労働組合の中澤誠委員長は「都が都民をだまそうとしていたと

ころ、共産党の調査ですんでのところで明らかになりました。豊洲への移転は無理だということははっきりしました。小池知事は、築地での再整備を決断してほしい」と語ります。

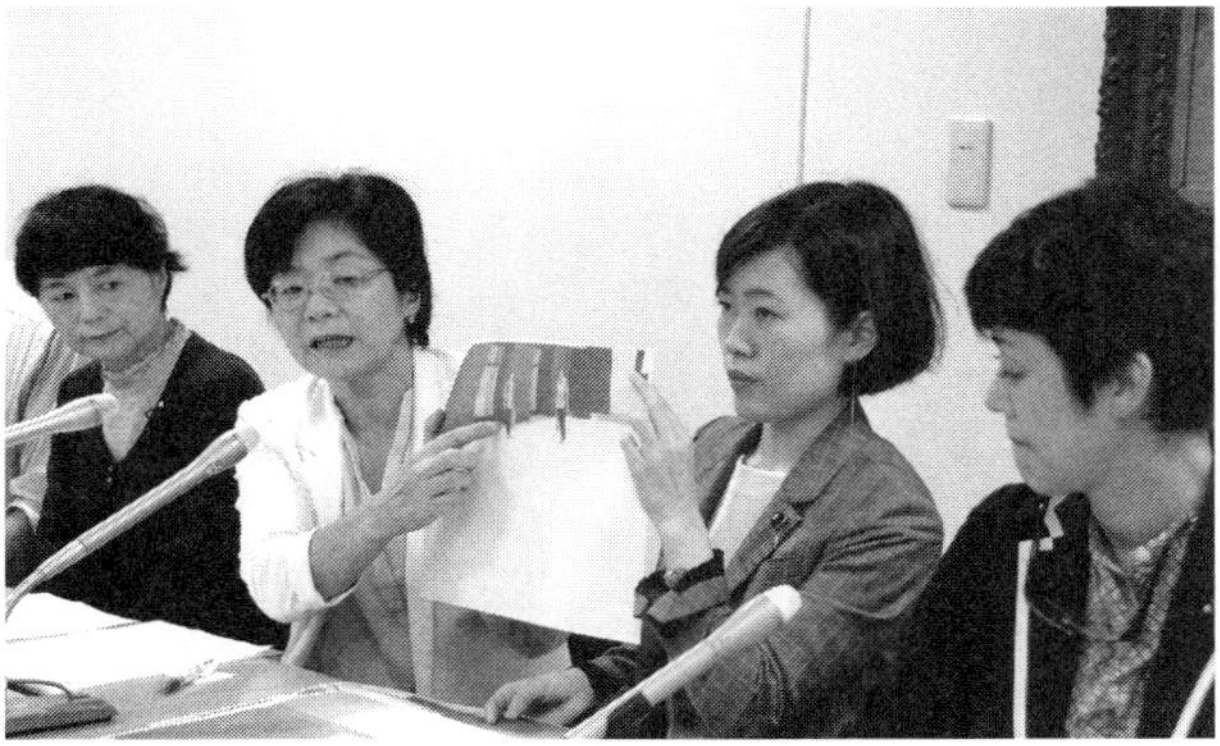
豊洲新市場の地下空間への重機搬入口は6カ所あったと公表する共産党都議団（左から河野、尾崎、米倉、和泉都議）= 2016年9月23日、東京都庁

3　重ねた調査、〝闇〟暴く

「外添都知事の追及に続き、豊洲市場の闇への切り込み調査はあっぱれです」。日本共産党東京都議団に激励や期待の声が相次いでいます。

今回、土壌汚染対策の重大な〝闇〟を白日のもとにさらした背景には、共産党都議団の粘り強い調査と追及の積み重ねがありました。

■有害物質が浸透

豊洲新市場予定地は、1956～88年にかけて東京ガスの工場が操業し、石炭などから都市ガスを製造する過程で排出されたベンゼン、シアン化合物、ヒ素などの有害物質が土壌や地下水にしみ込んでいました。

都職員の案内で、環境基準の４万3000倍のベンゼンが検出された東京ガス工場跡地を調査する日本共産党都議団＝2008年５月８日、東京都江東区

石原慎太郎知事は２００１年、それまで進めてきた築地市場の再整備計画を放棄し、東京ガスから、土壌汚染された豊洲工場跡地を購入して移転する方針を強引に決定。猪瀬直樹、舛添要一両知事も、移転計画を推進してきました。深刻な土壌汚染が明らかになっても、〝安全・安心〟だと偽りの説明をしてきました。

共産党は、豊洲への移転は「食の安全・安心」が命綱の生鮮食料品を扱う市場には不適格だと主張。現地調査や情報開示請求などを行い、日本環境学会や市民団体と連携して告発し、移転を推進してきた石原、猪瀬、舛添の３代の知事に移転計画の中止を迫ってきました。

築地市場を豊洲に移転する答申を決めた01年の都卸売市場審議会では、共産党は関係者の合意が得られておらず、深刻な土壌汚染があることなどを指摘し、答申案に反対しました（自民・公明委員などは賛成)。

07年2月の都議会で共産党の曽根はじめ都議は「豊洲は埋め立て地で、地震の際の液状化や、地盤が横に数《メー》《トル》も移動する側方流動の危険がある」と指摘。地中の汚染物質が地表面に上がってくる危険性を告発しました。

08年には豊洲予定地の土壌から、環境基準の4万3000倍もの発がん性物質ベンゼンや、危険なシアン化合物が検出下の930倍の高濃度で検出され、ヒ素、水銀なども見つかりました。

東日本大震災で、豊洲新市場予定地は液状化により108カ所で噴砂、噴水が発生(2011年3月、共産党都議団撮影)

■3・11で液状化

11年3月11日の東日本大震災では、豊洲予定地の108カ所で液状化現象が発生。曽根氏の警告が現実のものになりました。

共産党は直ちに現地調査を行い、液状化による噴砂現象を確認。液状化と土壌汚染の全面調査、移転中止を都に申し入れました。同年6月都議会で清水ひで子都議は「中・高濃度の汚染物質を含んだ土壌が液状化した」と指摘し、全面的な調査を行うよう迫りました。

4　都の隠蔽体質が露呈

全国に衝撃を与えた豊洲新市場予定地の盛り土未実施問題は、都の情報隠しの〝体質〟を浮き彫りにしました。都が重要な情報を隠していたのは、今に始まった話ではありません。

■二つの事実発覚

09年1月、都が隠していた二つの問題が明らかになりました。

一つは、土壌から強い発がん性を持つベンゾ（a）ピレンが検出されていたことが発覚したことです。都は08年6月にそれを把握しながら、専門家会議の委員に知らせたのは、汚染対策の提言をまとめ終わった後の11月でした。

さらに、汚染対策の鍵となる地層データを隠していたことも発覚。都は〝移転予定地の地下は水を通しにくい粘土層があるので、汚染は地中深くの土壌や地下水には広がらない〟と説明してきましたが、都の調査でも2カ所で粘土層を確認できていなかったのです。

共産党の植木こうじ都議は09年2月の都議会で、「専門家会議の調査は信頼性に欠けるものだ」と厳しく批判。専門家会議・技術会議の提言を都民参加で検証するよう迫りました。

都は10年3月、土壌汚染を処理する実験の中間結果を発表し、「確実に汚染物質を無害化でき

表-2-5　中間報告一覧（中温加熱処理・洗浄処理実験）

工法	位置	調査時点の濃度（mg/L）	試験開始時点の濃度（mg/L）	3月31日時点の濃度（mg/L）		処理基準適合項目（○：適合）
				中温加熱後	洗浄後	
中温加熱処理＋洗浄処理	No. 12（D11-1）	ベンゼン：40 シアン：93 ヒ素：0.013	[redacted]	[redacted]	[redacted]	○ ○ ○
	No. 13（038-1）	シアン：1.9 ヒ素：0.17	[redacted]	[redacted]	[redacted]	○ ○

下線付き数値：今回報告

※油膜については精査中

日本共産党都議団が開示請求で入手した、都の土壌汚染処理実験の「中間報告」。実験データが黒塗りされていました＝2010年4月

ることが実証された」と強調しました。

そこで、都議会で共産党の吉田信夫都議は「無害化を証明する実験ならば、少なくとも採取した土壌の汚染がどれだけの値だったのか、処理の結果、どうなったのかという数字が示されなければならない」と、実験試料の初期値（実験前の汚染データ）を明らかにするよう要求。岡田至・中央卸売市場長は「データを専門家に確認しているから」と公表を拒否しました。

■データは黒塗り

そのため、共産党都議団は情報開示請求を行いました。4月になって都が開示した文書は、初期値や実験途中の試料の汚染濃度データが黒塗りされていました。

都は7月になってようやく、試料の初期値を公表。共産党の追及で「4万倍のベンゼンを基準以下に浄化」どころか、初期値は環境基準の2・7倍でしかなかったことが判明しました。

日本環境学会の坂巻幸雄元副会長は「実験試料の初期値を隠して『浄化できた』としていた問題も、予定地の盛り土をしていなかっ

た問題も、『ばれなければ大丈夫』という、石原都政以来の隠蔽体質を示している。実際にはどれだけの汚染があるか、まだ明らかになっていない」と指摘しました。

5　自公は都の対策絶賛

築地市場（中央区）の豊洲移転計画について、都議会各党の対応はどうだったのでしょうか。

日本共産党都議団は公文書の開示請求や現地調査、議会での論戦、都への提言で、土壌汚染対策の欠陥、新市場整備費の大幅な高騰と市場会計の悪化、新市場整備工事入札の談合疑惑などさまざまな角度から追及し、対案を示してきました。

共産党都議団は市場関係者や都民から強い反対の声が上がる築地市場移転を中止し、現在地での再整備を含めて抜本的に再検討するよう都に提起。都予算案に対し組み替え案を提出し、市場会計予算案でも豊洲移転経費を削除する修正案を提出してきました。

■築地での再整備提案

２００９年都議選後、「築地市場移転反対」を掲げた共産党、民主党（当時）、生活者ネットなどが都議会の過半数を占め、築地移転計画を中止できる条件が生まれました。共産党などが提案して設置された築地市場移転問題の特別委員会では、共産党の清水ひで子都議が、過大な新市場の施設計画を見直せば築地での再整備は十分可能だと提案しました。

しかし、10年3月都議会では、移転関連経費を盛り込んだ10年度の市場会計予算に、共産党、ネットが反対しましたが、自民党、公明党が賛成し、移転中止を公約した民主党も公約を破り賛成し可決されました。

築地市場移転経費を含む都中央市場会計予算を可決する民主・自民・公明各党＝2010年3月30日、都議会本会議

共産党は、11年12月都議会では清水氏が土壌汚染対策工事の談合疑惑を追及。12年12月都議会では、幹線道路による売場棟施設の分断や多層化で、豊洲新市場の物流効率が悪化する問題を指摘し、業者との合意形成も不十分なまま強引に移転を進める都を批判しました。

14年9月都議会では共産党の尾崎あや子都議が新市場の施設建設費が当初計画の2倍以上に膨らむ見通しをただし、全容を明らかにするよう迫りました。16年3月都議会でも、売場棟の床の設計強度（耐荷重）不足など構造上の欠陥を抱えていることをただしました。

一方、自民・公明両党は、「豊洲新市場予定地は市場用地として十分安全・安心が確保されている」（10年10月、自民）、「（築地の再整備は）施設建設費が豊洲新市場と比較して割高となる」（同、公明）などと豊洲移転を推進してきました。

6　談合再調査、拒否した都

「豊洲土壌汚染対策工事　受注業者は既に決定！」。11年7月31日、1通の告発状が日本共産党都議団に届きました。6街区は清水建設ＪＶ（共同企業体）、5街区は鹿島建設ＪＶ、7街区は大成建設ＪＶが落札する――という内容でした。

■結果は告発通り

豊洲新市場の土壌汚染対策工事の入札が行われたのは11年8月29日。結果は、告発状の通りでした。

都は市場用地を三つに分けて工事を発注。仮設の土壌汚染処理プラントを造る6街区（水産仲卸）は清水建設など10社ＪＶが333億円、5街区（青果）を鹿島など6社ＪＶが119億円、7街区（水産卸）は大成など5社ＪＶが89億円で落札しました。落札率（予定価格に対する落札額の比率）が97・0％と最高だった6街区は他に応札ＪＶがなく、無競争でした。

本紙は入札をめぐる談合疑惑を取材し、「汚染対策　大手が独占　談合？　落札率97％」（11年9月2日付）と報じました。

都にも８月25日に談合情報が寄せられたにもかかわらず、入札を強行していたことがわかりました。

共産党の清水ひで子都議は、11年12月の本会議代表質問で談合疑惑を追及し徹底調査を求めましたが、答弁した安藤立美財務局長（現副知事）は「調査を改めて実施する考えはない」と拒みました。

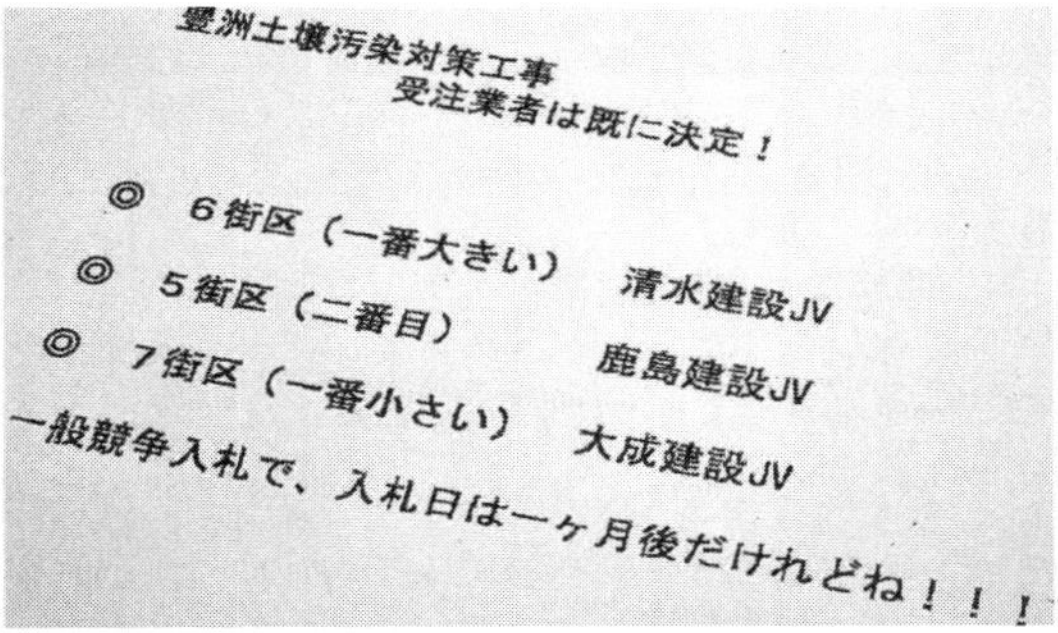

豊洲土壌汚染対策工事
受注業者は既に決定！
◎　６街区（一番大きい）　清水建設JV
◎　５街区（二番目）　鹿島建設JV
◎　７街区（一番小さい）　大成建設JV
一般競争入札で、入札日は一ヶ月後だけれどね！！！

（上）日本共産党都議団に送られてきた土壌汚染対策工事の談合を告発するファクス＝2011年7月31日
（下）石原慎太郎知事（前列右端）に代表質問する清水ひで子都議（左）＝2011年12月7日、都議会本会議

都は13年11月に売場棟などの建設工事の入札を行いましたが、大手ゼネコンがこぞって辞退し、不調に終わりました。都は14年２月に再入札を行い、５街区は鹿島など７社ＪＶが２５９億円、６街区は清水など７社ＪＶが４３５億円、７街区は大成など７社ＪＶが３３９億円で落札。このときも落札率は平均99・87％と異常な高率でした。

汚染対策工事を受注した大手ゼ

豊洲新市場の工事を受注した企業

工事名	5街区 青果棟	6街区 水産仲卸売場棟	7街区 水産卸売場棟
◇汚染対策			
受注JV	鹿島など6社	清水など10社	大成など5社
受注額	119.1億円	333.4億円	89.1億円
落札率	(93.86％)	(97.0％)	(94.69％)
◇施設建設			
受注JV	鹿島など7社	清水など7社	大成など7社
受注額	259.3億円	435.5億円	339.1億円
落札率	(99.96％)	(99.88％)	(99.79％)

注＝受注額は消費税込み

ネコンがその後、同じ区画の施設建設工事をそろって落札したことで、疑惑はさらに深まりました。

本紙はこの入札についても、「予定価格407億円増」(13年12月28日付)、「ゼネコンいいなり、工事費高騰　談合疑惑が噴出」(14年4月17日付)――と報じました。

■随意契約と同じ

このときの取材で、ゼネコン関係者は「形式的には一般競争入札だが、大手がもれなく受注できるようにしたので随意契約と同じ結果になった。公取委の目がこわい」と証言しました。

全国市民オンブズマン連絡会議幹事の大川隆司弁護士は「豊洲新市場の建設工事入札は3件とも応札が1JVずつだけで、しかも落札率が異常に高い。大手ゼネコンが1区画ずつ工事を分け合う調整をしていた疑いが濃厚だ」と指摘します。

共産党都議団は16年9月12日に公表した豊洲新市場をめぐる提言でも、新市場整備費の高騰、談合疑惑を指摘。メディアは「落札率99・9％　談合指摘も」などと一斉に報道しました。

7　ゼネコン利益は盛る

14年2月28日、都と市場業界団体、工事受注ゼネコンら150人が出席した豊洲新市場の起工式で、安藤立美副知事は、誇らしげにあいさつしました。「市場関係者・消費者・都民に安心して利用いただける」

■予定価格407億円増

都は新市場施設4件の工事入札を13年11月に行いましたが、売場棟3施設は応札者がなく入札不調となりました。

都のヒアリングで、ゼネコン側は「採算が取れない」「工期がきつい」として、予定価格の大幅上乗せを要望。都は要望を受け入れ、再入札公告（13年12月）で3件の予定価格を628億円から1035億円へと407億円（64・9％増）も増やし、14年2月、三つのJVが計1034億400万円で落札。平均落札率は99・87％でした。

本紙は14年2月15日付で、都は市場施設の再入札の予定価格を安く見せかけるために建築面積を縮小し、連絡ブリッジ、屋外施設工事などは追加発注していたことを報道。3施設の単位面積あたりの工事費は1回目の予定価格の2倍に膨れ上がりました。

豊洲新市場の起工式でくわ入れを行う都と市場関係者ら＝2014年2月28日、東京都江東区

本紙取材に、ゼネコン関係者は「都の幹部は２回目も入札不調になったら16年3月の完成期日に間に合わないとあせっていた。（ゼネコン側は）手分けをして、設計会社（日建設計）と都の幹部に面会し、予定価格の大幅な上乗せがなければ、また辞退することになると伝えた」と話しました。

１回目の入札４件のうち、管理棟は中小ゼネコンＪＶが落札。一方、同じ積算単価ベースで予定価格をはじいた売場棟の入札では、大手がそろって辞退したことも異様な出来事でした。

談合疑惑が膨らむもと、豊洲新市場の整備費は、土壌汚染対策費が当初試算（11年2月）の５８６億円から８６０億円と１・５倍、施設建設費も９９０億円から２７４４億円と２・８倍に高騰し、整備費は当初試算の３９２６億円から、５８８４億円に膨れ上がりました。さらに、新市場整備費を調達するために発行した企業債（借金）の利息返済額を加えると、整備費総額は６２５４億円になることが本紙の取材で明らかになりました。

新市場の整備費の膨張は都の中央卸売市場会計を圧迫。整備資金調達のため企業債を相次いで発行し、借金漬け状態に陥っています。都は築地市場用地の売却で財源不足を補う計画ですが、返済資金不足の可能性も生じています。新市場は維持管理経費が高く、市場業者と消費者への負担転嫁も心配されます。

■官製談合調査を

全国市民オンブズマン連絡会議の大川隆司弁護士は指摘します。

「豊洲市場施設の2回目の入札で、都が予定価格を6割も上乗せしたことは極めて異常だ。『官製談合』の出来レースの疑いが強いだけでなく、都が工事受注JVグループに超過利益を保障したことになる。都は第三者を入れた調査委員会をつくり、入札問題を厳しく点検し、改善策を講じる必要がある」

8　ゼネコン17社へ天下り

豊洲新市場の土壌汚染対策工事と施設建設工事の入札をめぐっては、大手ゼネコンが高い落札率でもれなく受注したことに加えて、もう一つ大きな問題があります。東京都幹部が工事を受注したゼネコンに大挙天下りするという、根の深い癒着構造があることです。

調査方法は、都総務局が２０１０年以降に公表した「都庁版人材バンク」（幹部の再就職先を掲載）と、複数の都ＯＢ会の名簿（09年以降に発行）をもとに、名簿に記載されていない人についても追跡しました。

豊洲工事受注企業に天下りした都ＯＢの数

清水建設※	7	（3）
大成建設※	9	（2）
鹿島建設※	7	（1）
大林組※	8	（3）
竹中工務店※	3	（1）
戸田建設	5	（1）
西松建設※	4	（0）
東洋建設	4	（1）
鴻池組※	4	（0）
東亜建設工業※	4	（1）
銭高組	3	（2）
飛島建設	2	（1）
株木建設	2	（0）
岩田地崎建設※	1	（0）
東急建設	1	（1）
大日本土木	1	（1）
熊谷組	1	（0）

本紙調べ。※は局長級を含む。カッコ内は2010年以降、都を退職直後に天下りした幹部OB

その結果、豊洲新市場の土壌汚染対策工事をめぐって、本紙は「都ＯＢゼネコン天下り　豊洲対策工事受注13社に」（12年2月27日付）と報じました。都の土壌汚染対策工事（3区画）を受注したゼネコン15社中、13社に都ＯＢが天下りしていたことを明らかにしました。都が市場施設の建設工事を発注した後も、本紙は「工事受注ゼネコン17社　都ＯＢ64人天下り」（14年5月14日付）と報じました。

■東京都ＯＢ66人

その後の取材で、土壌汚染対策工事と売場棟建設工事を受注した23社のうち7割強の17社に都ＯＢ66人が在籍していたことを把握。そのうち局長級は9社19人でした。

天下り先の役職は、顧問、審議役、理事、部長、調査役、参与、技師長などです。都発注の公共事業の入札情報収集や営業活動をしている人もいました。

都総務局人事部は、「都を退職後2年間は、退職前5年間に担当した職務に関連する営業活動をしない」ことを再就職の条件にしているとしています。しかし、外郭団体などを経由してから企業に天下りした人は、その対象外です。

豊洲新市場の建設現場（手前）＝2014年3月撮影、東京都提供

ゼネコンに籍を置く元局長は、匿名を条件に「ＯＢは営業職につかないことになっているが、それは建前だ。都の幹部と会って、豊洲新市場や五輪施設工事の入札予定価格問題でやりとりをしたことがある」と本紙に証言しています。

■99％の「落札率」

その話を裏付けるかのように、豊洲新市場工事と２０２０年東京五輪大会の都発注の競技会場建設工事の多くは、落札率が99％と異常な高率でした。

東京都とゼネコンの癒着構造は、バブル経済期に新都庁舎、臨海副都心開発など大型開発を推進した鈴木俊一都政（１９７９～95年）の時代に深まり、現在も温存されています。公共工事の発注を担当した都幹部の〝手土産天下り〟疑惑が問題になったこともあります。

天下り癒着構造が温存された下で、豊洲新市場建設をめぐって、整備費の高騰や「食の安全・安心」を脅かす盛り土をやらずに地下空間にし、虚偽の説明で欺き続けるという問題が起きているのです。

いまこそ、ゼネコンとの天下り癒着、官製談合疑惑を徹底検証し、ゆがみを断つ抜本的な対策が求められています。

9　築地市場から（上）――業者の声も聞かずに

午前9時――。築地市場場内へ踏み入ると周りとは別世界が広がります。

鮮魚と氷を詰めたトロ箱を重ねた、場内搬送車「ターレット」が忙しく走り回ります。もくもくとマグロをさばく職人。エビやウニ、鮮魚を並べた店が通路の両側に連なります。

敷地は23万平方㍍で、東京ドーム5個分。水産だけで7社の卸売業者と575社（2016年10月1日時点）の仲卸業者がいます。豊洲への移転計画は市場内を激しく翻弄《ほんろう》し、廃業する業者が相次いでいます。

■「めちゃくちゃな話」

「めちゃくちゃな話だ。あれじゃあ商売にならないよ」

マグロの仲卸業「小峰屋」の社長、和知《わち》幹夫さんは、築地でこの仕事をして48年です。豊洲新市場の問題は「土壌汚染だけではない」と憤ります。

業者がそろって批判するのは〝施設の欠陥〟です。新市場の1コマあたりの敷地は4畳半と狭くなります。間口は幅1メートル50センチほど。あるマグロ業者は「冷蔵庫だけで幅1メートル10センチ。マグロもさばけないし、足の踏み場もない」とぼやきます。

「築地での再整備を」と話すマグロ仲卸業者の和知幹夫さん＝築地市場

床の耐荷重も問題です。水産仲卸売場棟は1平方メートルあたり700キロ。そのため「水槽に70センチしか水が入れられない」という話も出ています。ターレットは運転手と荷物を積むと約2トン。「フォークリフトやターレが走れば床が抜ける」とささやかれています。

さらに新市場は〝建物が傷むから〟と海水を床に流せません。築地では、水槽で使う水も魚を洗うのも海水です。

なぜこんな〝設計ミス〟が――。和知さんは「考えたのは素人。都はわれわれ築地業者の意見はほとんど聞かなかった」と言います。

豊洲で営業許可を得るには、都が定めた設備への買い替えが必要です。小峰屋の場合「冷凍庫などで約650万円」と言います。

機材メーカーの男性は、豊洲用に受注した25件の機材の資金回収のめどが立たず「うちもいつつぶれるか分からない」と嘆きます。

築地市場は1935年に開場。水産物の取扱量は1日当たり1676トン（2015年）と、水産では世界最大規模です。土壌汚染地への移転で「築地ブランド」が継承できないという声も上がっています。

■「世界のツキジ」

オーストラリアから観光で訪れた男性医師は「ツキジの名は世界でも有名。水産市場では世界でベスト。こんなに清潔で美しい市場はないよ」と声を弾ませます。連日多くの外国人観光客でにぎわいます。「世界遺産に」という声も上がる築地市場。和知さんは言います。

「築地は81年間、業者一人ひとりの知恵と技の積み重ねでつくりあげてきた。築地業者の〝目利き〟は天下一品。『今朝、築地で仕入れた』は最高の品質保証です。豊洲への移転は失うものが大きすぎる。築地での再整備が私たちの願いです」

10　築地市場から（下）——魚河岸が声をあげた

「土壌汚染地に魚市場をつくるな！」

２００６年10月。豊洲への移転に反対する声が築地周辺に響きわたりました。

「デモは生まれて初めて」という業者のおかみさんなど１０００人超が集まりました。01年の移転決定から初めて。その後、デモなどを繰り返してきました。

呼びかけたのは業者らでつくる「市場を考える会」。デモ数カ月前に数人で発足しました。

マグロをさばく野末誠さんは「この道64年」と言います＝築地市場

■セリ場中の話題

発足時のメンバーでマグロ仲卸「野末商店」元社長の野末誠さんは「都は欺瞞《ぎまん》と隠蔽《いんぺい》を繰り返してきた。食文化を滅ぼす犯罪だ。なぜ毒のある所に生鮮食品市場をもってくるのか。初めからおかしな話だった」と痛烈に批判します。都側は「法に基づいている」と繰り返すばかり。「〝あなた方にとやかく言われる筋合いはない〟という姿勢だった」と振り返

土壌汚染地への移転反対をアピールする市場関係者たち＝2006年10月11日、東京都中央区

ります。

全労連・東京中央市場労組も同じころ、計画や汚染について知らせるビラを市場内の全店に配り始めました。中澤誠委員長は「配っていると『おせーよ』なんて言われたけど、翌日セリ場中の話題になっていた」と話します。

都との交渉が難航するなか、中澤さんたちは「市民へ訴えるしかない」と運動を広げました。「守ろう！　築地市場パレード実行委員会」を13年8月に結成。女性や農民団体も参加しました。

日本消費者連盟の纐纈《こうけつ》美千世事務局長は「食べ物は体をつくるだけでなく次世代にもかかわる。汚染地への移転は絶対に認められない」と加わった経過を語ります。

業者らの訴えに一切耳を貸さない都。運動は一時下火になりながらも続きました。独自調査で汚染の隠蔽も暴きました。

「パレード実行委員会」と「築地市場・有志の会」は16年4月に業者アンケートを実施。8割が「土壌汚染問題が解決するまで移転を凍結すべき」だと答えました。両団体は6月、開場見直しを求める仲卸業者の過半数となる319業者の署名を国へ提出しました。

8月5日には新市場建物内の空気のベンゼン汚染を「しんぶん赤旗」がスクープ。市場関係者が印刷した記事コピーが大量に配られると、市場内に激震が走りました。業者らは小池百合子知事に移転延期を要望。知事の延期発表へとつながりました。

■誰のためなのか

中澤さんは「負けると思ったことは一度もない。運動をつないでいけば相手は絶対にドジを踏む。それだけでたらめなことをやっているのだから」と語ります。一体、誰の、何のための計画なのか。中澤さんは言います。

「築地を更地にして開発をしたい人間と、汚染され誰も欲しがらなかった東京ガス跡地を売りたい人間がいた。利益が合致した両者が一山当てようと魚屋をだましました。そして都民、国民をも欺いた」

11　石原元知事の責任は重大

話は30年前にさかのぼります。東京ガス豊洲工場（江東区）は、１９５６年から88年にかけて、石炭などを原料にして都市ガスを製造していました。

■利益与え天下り

豊洲工場の操業を停止する2年前の86年9月。中曽根内閣の民間活力担当副総理だった金丸信氏（93年に脱税容疑で逮捕）ら閣僚は、鈴木俊一知事の案内で、東京臨海部と豊洲、晴海地区を都の遊覧船で視察しました。

金丸氏側は「船を豊洲ふ頭につけてほしい」と都に打診。ふ頭に船をつけることができなかったため、船上から視察しました。金丸氏側はもうひとつ注文をつけていました。「臨海部を視察した後で、東京ガス本社で鈴木知事と東京ガスの安西浩会長の３人で会食をしたい」。この時は、東京ガスの意図を察知した都側が依頼を断ったと言います。

当時の都幹部は記者に語りました。「金丸さんの狙いは豊洲の再開発だったんですよ」

金丸氏は東京臨海部の視察後、「金丸民活懇」を発足。財界・大企業が相次いでウォーターフロント開発構想を打ち上げる中、国の要求を受け入れて都は、88年に「臨海部副都心開発基本計画＋豊洲・晴海開発基本方針」を策定。地権者の東京ガスなどの要望を受け入れ、豊洲地区は高層住宅、業務・商業系市街地に再開発する方針を打ち出しました。

ところが、豊洲地区の開発方針を大きく変えたのが、石原慎太郎知事でした。石原氏は２００１年、築地市場を豊洲に移転する方針を強引に決定しました。東京ガス豊洲工場跡地は、発がん性物質のベンゼン、猛毒のシアン化合物、ヒ素などで高濃度汚染されていることが判明。本格的に汚染除去するためには数千億円の費用が必要との見方もあがっていました。

石原知事の命を受けた浜渦武生《はまうずたけお》副知事は、東京ガス側に土地売却をしつこく働きかけました。東京ガスは、工場跡地を芝浦工大に売却することを検討していたため渋っていましたが、都側の強い働きかけに押し切られた格好で01年7月、都と基本合意を結び、売却に舵《かじ》を切りました。その際、都はこの工場跡地を土壌汚染がないという前提で高い価格で購入。防潮堤など基盤整備費についても東京ガスの負担分を肩代わりしました。

都議会で答弁する石原慎太郎知事＝ 2010 年３月

都は至れり尽くせりの厚遇で東京ガス側に大幅な利益供与を行う一方で、都幹部ＯＢの天下りを押し付けてきたのです。

東京ガスは11年3月に都と用地売買契約を結んだ際に、土壌汚染対策費用の一部、78億円を都に支払うことで合意。土壌汚染対策費（８６０億円）は原因者負担が原則なのに、都は東京ガスの負担額を大幅減額したのです。

本紙は両者が公表を拒否していた交渉経過をめぐる闇を取材し、「都が汚染原因企業の要望容認」「東京ガスに50億円負担金値引き」（14年11月8日付）とスクープしました。

■都民の財産毀損

東京都が東京ガス工場跡地を、汚染がないものとして高い値段で購入したのは違法だとして、いま、石原元知事に損害賠償を求める住民訴訟が東京地裁で係争中です。

住民訴訟で原告は15年2月、「赤旗」記事を証拠提出し、都に釈明を要求。裁判長は「重要だと思うので可能な限りお答えいただきたい」と求めましたが、都側は釈明を拒み続けています。

原告の一人、水谷《みずのや》和子さん（一級建築士）は「都が大半の汚染対策費を肩代わりすることは、都民の財産を毀損《きそん》する重大問題だ」と批判します。

「食の安全・安心」をないがしろにした豊洲新市場計画。背景に、石原元知事の強い意向があったことは明白で、責任は重大です。

16年10月4日の都議会本会議――。「石原慎太郎元知事が無理やり、東京ガス豊洲工場跡地を買収した結果、東京ガスが莫大な利益を得て、市場は莫大な財政負担を余儀なくされたのです」。当初から、有害物質によって土壌汚染された東京ガス豊洲工場跡地への移転に反対し、追及してきた共産党の大山とも子幹事長は、本会議で用地取得問題を徹底検証するよう、小池百合子知事に求めました。

2章　豊洲移転計画の延期を決定

1　大激震の予兆

「11月7日に予定されております築地市場の豊洲新市場への移転については、延期といたします」

東京都の小池百合子知事は2016年8月31日、記者会見し、築地市場の豊洲移転の延期を発表しました。移転計画の見直しと、築地市場の現在地再整備を求めてきた市場業者や市民団体からは、歓迎の声がわき起こりました。

猪瀬直樹知事が徳洲会からの5000万円裏金事件で13年12月に辞職。14年2月に就任した舛添要一知事も高額海外出張や公私混同問題で16年6月に辞職に追い込まれました。いずれも日本共産党都議団の調査と追及、世論の強い批判が背景にありました。16年7月の知事選では、築地市場移転問題も争点になりました。

■背景に都民の世論と運動の広がり

新たに就任した小池知事に対し、築地市場の仲卸業者らでつくる「築地市場・有志の会」と「守ろう！　築地市場パレード実行委員会」は11月開場計画の延期、築地市場の現在地再整備を要請してきました。日本共産党都議団は、小池新知事に「いったん立ち止まる」ことを実現する力になるようにとさまざまな問題を指摘し、移転計画を抜本的に再検討するよう要請していました。

自民党衆院議員から転身した小池知事が移転延期を決断した背景には、都民の世論と運動の広がりがあったのです。

「小池知事の会見をテレビの生中継で見て、『延期』の一言を聞いて、今までやってきたことが少しは理解されたのかと、胸がいっぱいになりました」。豊洲移転に反対してきた築地市場仲卸業の和知幹夫さんはこう語りました。

東京中央市場労組の中澤誠委員長は、「移転延期の知らせを聞いて、市場の多くの人たちはほっとしています。移転が中止になったらいいという声も上がっています。豊洲新市場計画の詳しい内容は、築地の現場の人たちにも、都民にも隠されてきました。これをオープンな場で明らかにされるなら、築地市場移転計画に大きな問題があることがわかると思います」と話しました。

豊洲移転延期決定の直後、共産党都議団が盛り土問題で重大な事実を突き止めたことが、都政を揺るがす大問題の発端となったのです。

東京都はこれまで、「盛り土があるから安全だ」と説明。都の技術会議は14年11月に土壌汚染対策は全街区で完了したとして、「安全宣言」を出していました。

中央卸売市場のインターネットホームページには、豊洲新市場の土壌汚染対策の説明として敷地全域に厚さ4・5メートルの盛り土を行っていることが図入りで掲載されていました。盛り土問題の発覚後には、図の上に「調査中」との文字が重ねられました。

中央卸売市場は、都議会での豊洲の土壌汚染対策についての質問に対し、11年8月以降、「盛り土が行われているので安全」との答弁を22回も繰り返してきたのです。都が都民、市場業者、都議会だけでなく、豊洲市場の開設を認可する農水省や国の審議会にも、盛り土を行っていると虚偽の説明をして欺いてきたことも判明しました。

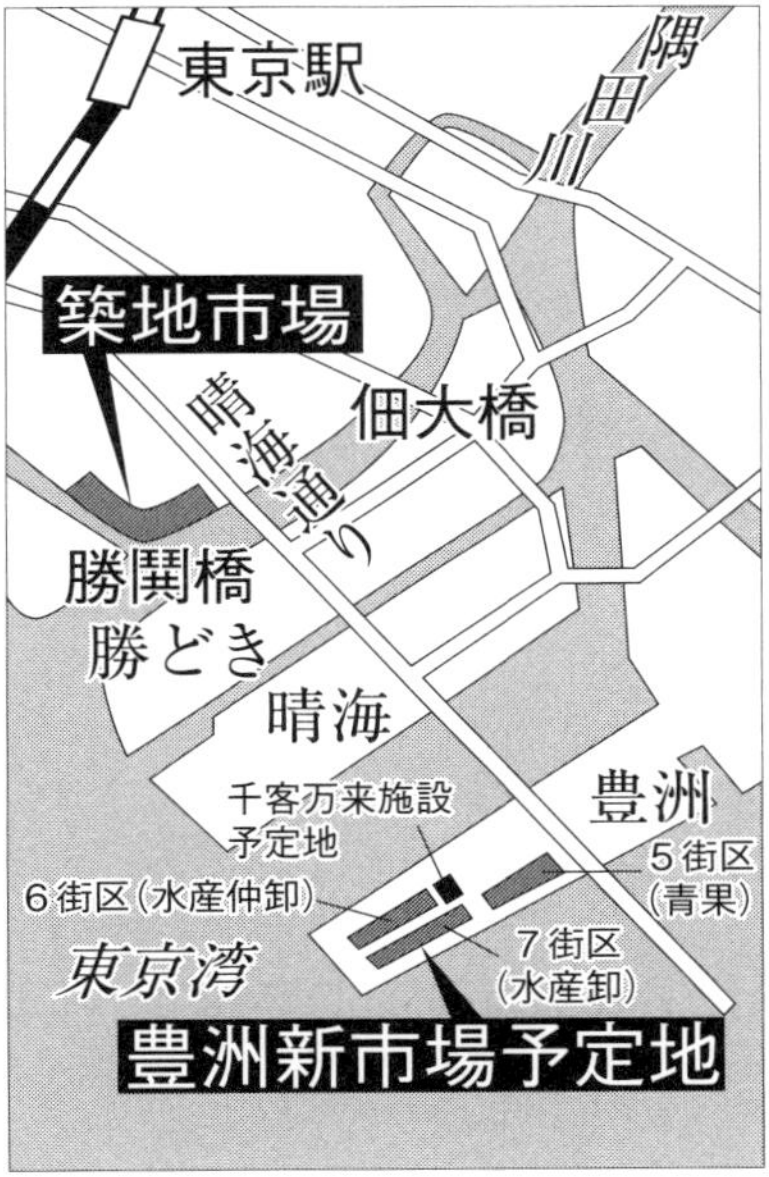

さらに都が盛り土問題の発覚後に、技術会議の会議録に「建物下に作業空間を確保する必要がある」との資料を追加し、同会議が盛り土を行わない工法を提言していたかのように改ざんし

ていたことまで明らかになりました。

築地市場の関係者からは、怒りの声が噴きあがりました。水産仲卸業者の戸田開太郎さんは「『安全・安心』どころか、最低限の工事すらやらずに、全く秘密で進める都の隠蔽体質は大問題だ。施設内の大気中でベンゼンが検出された問題もそうだが、市場で働く業者は犠牲になってもいいというのか」と憤りました。

豊洲移転反対を訴えるパレードや集会に取り組んできた中澤誠・東中労委員長は「市場の業者と労働者はみんな怒っている。やると言ってきた盛り土をやらずに、都は情報をずっと隠してきた。移転計画自体が失敗だったことは明らかだ」と話しました。

共産党都議団は16年9月12日、豊洲新市場予定地の建物下で盛り土が行われていなかった問題の徹底究明などを求める小池知事あての提言を発表しました。

提言は、なぜ、いつ、誰が盛り土を行わないことを決め、盛り土をしたという虚偽の報告をしてきたのか、検証して公表すべきだとした上で、これまでの豊洲新市場の土壌汚染対策と安全性について第三者を交えて検証することや、土壌汚染対策工事費と施設建設工事契約額が高騰した問題や談合疑惑についても検証することを盛り込んでいます。

■くり返しの調査で新たな事実が

共産党の小池晃書記局長は9月12日、国会内で記者会見し、盛り土が建物下で行われていなかった問題について、「都民をあざむく、非常にひどい経過だ」と批判しました。

小池書記局長は、08年11月の第6回技術会議で土壌汚染対策案の一つとして地下空間を利用する提案が出されていたことも、党都議団の会見で明らかになったと指摘。「当初から盛り土するどころか、実は空間のままにしておくという議論があったのではないか。（盛り土を）やらなかったことを知っていたかもしれないのに、やったと虚偽の報告をしてきた疑いがある。こうした経過について徹底解明が必要だ」と強調しました。

また、「858億円も土壌汚染対策に投入していながら、汚染対策が極めてずさんな形でやられていたのは重大だ。いままで移転を推進してきた人たちに任せておくわけにいかない。豊洲移転の是非そのものも問われなければいけない」と語りました。

共産党都議団は、その後も地下空間の調査を繰り返し行い、新たな事実を明らかにしていきました。

共産党は9月14日に行った2回目の地下空間の調査で、青果棟の地下空間の底にたまっていた水を採取し、指定検査機関に検査を依頼したところ、猛毒のヒ素が環境基準の約4割にあたる1リットル当たり0・004グラム検出されました。ヒ素は雨水には含まれないため、強アルカリ性であることとあわせてたまり水が地下水由来であると発表、各メディアは大きく報道しました。

たまり水が地下水由来であることは重大な問題です。地下水の水位が上がり、そこに含まれる有害物質が揮発して市場の建物内に入ることがあれば、「食の安全・安心」は根底から損なわれるからです。

小池知事が再招集した専門家会議の平田健正座長（放送大学和歌山学習センター所長）は9月17日の会見で、「もし、地下から水が上がってきていて、その中にベンゼンなどの揮発性の物質が含まれていれば、そこから地下空間に気化する可能性があることが懸念される」と語りました。

9月20日には、中央卸売市場が約10年前に、施設建設後に汚染対策が必要になったときに建設機械を地下空間に運び込むことは可能かとゼネコン側に相談していたことが明らかになりました。本紙の取材に、ゼネコン関係者が証言したものです。

共産党都議団は20、21の両日に現地調査し、地上から地下空間へ建設機械を入れるための搬入口が存在していることを確認したのです。

清水ひで子政調委員長、尾崎あや子、かち佳代子都議は20日夜、水産仲卸売場棟の地下空間を視察し、搬入口の存在について市場の担当課長にただしました。

課長は5、6、7街区に設けてあると述べ、「建設機械を分解して入れる」「メンテナンスというより、大がかりな工事」のためのものであると説明しました。

共産党都議団は6街区の竣工図《しゅんこう》を調べ、タテ3メートル《メートル》、ヨコ6メートル《メートル》の「ピット搬入口」との記載を確認。9月21日に再度地上から現地調査し、搬入口の存在を確認しました。

23日には追加の現地調査を行い、管理棟内、水産卸売場棟、青果棟、加工パッケージ棟にも搬入口があることを確認しました。

都が行った調査でも、有害物質による汚染を懸念させる結果が明らかになりました。8月15～16日にかけて青果棟、水産仲卸売場棟、水産卸売場棟の3施設の地下空間で実施した空気測定結果で、WHO（世界保健機関）のガイドラインを超える濃度の発がん性物質・ベンゼンが検出されました。

2 百条委員会設置を提案

共産党都議団は都議会にも、豊洲新市場をめぐる問題の解明のため、9月15日に、かち、尾崎両都議が、中央卸売市場を所管する都議会経済・港湾委員会の正副委員長・理事に対し、集中審議や現地視察を行うよう申し入れました。

かち都議は9月27日の同委員会理事会で、豊洲移転を強引に決めた石原慎太郎元知事をはじめ、浜渦武生、佐藤広両元副知事、伊藤春野・元東京ガス副社長、土壌汚染処理策を検討した技術会議の原島文雄座長（元首都大学東京学長）、長谷川猛委員（元都環境科学研究所長）、元市場長の比留間英人、岡田至、中西充、塚本直之の各氏ら12人の参考人招致を要求しました。

同日、共産党都議団の大山とも子幹事長は、盛り土問題などを徹底究明するため、地方自治法にもとづく強力な調査権限を持つ特別委員会（百条委員会）を都議会に設置するよう、正副議長と各会派に申し入れました。

そして9月28日、都議会は盛り土問題の発覚後、最初の定例会を迎えます。豊洲新市場をめぐる一連の問題が最大の焦点となりました。

小池知事は同日の本会議で就任後初の所信表明を行い、豊洲問題について「都政は都民の信頼を失った」「知事として、都民の皆さまの食の安全を守る責任がある」と強調。盛り土問題などについて検証し、安全性について専門家の目で判断してもらうとともに、施設の安全性や経費なども9月23日に発表した「市場問題プロジェクトチーム」（座長・小島敏郎青山学院大学教授。以下、豊洲ＰＴ）で検証すると述べました。

都は9月29日、8回目の地下水モニタリング調査で、青果棟施設がある5街区の3カ所の地下水から環境基準を超える濃度のベンゼンとヒ素が検出されたと発表しました。土壌汚染対策が必要とされた区域での汚染の除去が完了したのかどうかを確認するための地下水の調査で、クロと判定されたのです。

これを受け、共産党の大山とも子幹事長は談話を発表し、都のこれまでの土壌汚染対策では、地下の土壌汚染物質は取り除かれていないことを示すものだと指摘しました。

10月4日の都議会第3回定例会の本会議代表質問で、本格的な論戦が始まりました。共産党からは大山氏が代表質問に立ちました。大山氏は、石原元知事が、東京ガス工場跡地である予定地が土壌汚染されていることを知りながら、無理やり高額で土地購入し、土壌汚染対策に莫大な財政支出を行った責任は重大だと述べ、徹底検証を要求しました。党都議団の調査で主な建物下は盛り土せず地下空間になっていたことが明らかになったと指摘。虚偽の説明で都民を欺いてきた都政の隠蔽体質を厳しく批判し、築地市場移転の抜本的再検討を提案しました。

小池知事は「今回の事態を招いた最も大きな要因はガバナンス（統治）と責任感の欠如」として、施設地下で盛り土を行わない決定をした個人の特定など情報収集を進めると答弁しました。

第3回定例会最終日（10月13日）の本会議で討論に立った、共産党のあぜ上三和子副幹事長は、都が虚偽答弁を繰り返し、文書の捏造《ねつぞう》まで行って事実を隠そうとしてきたことを厳しく批判。「都政における隠蔽体質を一掃することなしに、失った都政への信頼を回復することは到底できない」と指摘しました。

都議会は同日、豊洲市場移転問題特別委員会（委員23人）を設置しました。共産党が提案していた、全容解明のために偽証を刑事告発できる強力な調査権を持つ百条委員会の設置は、自民、公明、民進党系2会派（現・東京改革）、かがやけTokyo（現・都民ファーストの会）、生活者ネットなどが否決しました。大山幹事長は閉会にあたっての談話で「百条委員会設置に反対した会派と議員は厳しい批判を免れません」と批判しました。

3　豊洲PTを設置

都民、市場関係者の批判が増す中、東京都の検証作業も始まりました。

小池知事は8月31日、土壌汚染問題や施設の構造と安全性、新市場の事業継続性などについて検証をする「市場問題プロジェクトチーム」（8人、豊洲PT）の設置を発表しました。座長は小島敏郎・青山学院大学教授。ほかに有識者の森山高至、井上千弘、菊森淳文、佐藤尚巳、竹内昌義、時松孝次、森高英夫の各氏。会議はメディアに公開され、インターネット中継されました。

豊洲PTは9月29日に開いた初会合で、①土壌汚染の安全性②市場施設の構造計算など安全性③市場内の動線や物流機能④市場建設費が適正かどうか⑤市場としての事業の継続性——などについて検討することを確認しました。

10月25日に開かれた第2回会合では、新市場施設の設計を行った日建設計の役員が出席しました。疑惑の渦中の企業の登場に注目が集まるなか、1級建築士の高野一樹氏らが厳しい質問をぶつけました。

主なテーマは耐震性能。水産仲卸売場棟4階の床の防水押さえコンクリートの厚さが構造計算書では1センチと記載されているのに、実際は15センチあり、厚くなったコンクリートの重量で耐震性能が落ちる懸念が発覚しました。同棟の床の耐荷重（1平方メートルあたり700キログラム）が著しく不足している問題も取り上げられました。

高野氏は「構造上の影響はないのか」「仲卸売場の積載荷重が極端に少なく安全性に問題はないのか」「地下空間を造ったことで耐震性が弱くなるのではないか」と迫りました。

日建設計の富樫亮、常木康弘両取締役らは、4階の床の重量が設計より1200トン増えるものの「安全性能を満たしている」「荷を満載したターレット（小型搬送車）が密集して走行しても安全」「床の荷が７００キロを超えても床がすぐに壊れるわけではない」と弁明しました。

委員からは「メガクラスの地震でも本当に十分なのか」などの意見が出されるなか、日建設計は「液状化の可能性のある所を全て地盤改良できているわけではない」としながらも安全性能の説明に終始しました。

11月15日に豊洲ＰＴが行った築地市場業者からの聞き取りでは、市場施設への批判が続出しました。

豊洲移転に賛成してきた築地市場協会の伊藤裕康会長は「（トラックが荷を積み下ろしする）バースの数が圧倒的に不足しており、効率的な物流を考えていない」「大型トラックの横開きドアに対応していない」と批判しました。

業界団体の役員は「新市場は駐車スペースが不足している」「新市場開場が延期されたが、新市場への投資で受けた融資の返済時期が来るし、築地の現店舗の壊れた設備も修理しなければならない」と訴えました。

水産仲卸業者は「豊洲新市場をトラックで走れるかどうか試してみたが、ヘアピンカーブはとてもさばき切れない。荷を積んですれ違ったら、事故が起きるのではないか」と不安を表明しました。

築地市場の維持管理費が１日あたり４３０万円であるのに対して、豊洲新市場では２１００万円と約5倍にはねあがる問題について、参加した業者は「新市場の（維持管理）コストが築地の5倍になることは、業者には知らされていない。生鮮食料品を扱う市場としてよいのか疑問だ」と発言しました。

11月29日の豊洲PTの第3回会合では、新市場の施設内をターレットが円滑に運行できるか、買い回りなど物流の動線などについて、委員から疑問が相次ぎました。

小島座長は、豊洲新市場の延べ床面積が築地市場の1・7倍になるにもかかわらず、店舗の売場面積がほとんど広くならないことについて質問。さらに、基本計画（04年）の時点では水産卸売場棟を6街区、水産仲卸売場棟を7街区に配置していたのに、実施計画（05年）で入れ替えたことについて「物流を阻害することになったのではないか」「（6街区側に荷揚げ用に）せっかく造った桟橋が無駄になる」とただしました。

会合では、「トラックやターレットがすれ違いづらい」と業者から指摘されている施設内のヘアピンカーブについても、委員から「車両は等間隔で流れるものではない。荷崩れする場合もある」と、トラブルや渋滞を懸念する意見もでました。

12月14日には、豊洲PTが築地市場の青果部門関係者からの聴き取りをしました。

関係者らは口々に、土壌汚染問題で生産者、消費者も不安を抱いていると訴えました。移転に賛成してきた築地市場青果連合事業協会の泉未紀夫会長は、移転するためには「小池知事の言葉で安全宣言をしていただきたい」と述べました。

ある仲卸業者は、豊洲新市場青果棟の照度不足の問題を指摘。「天井が高く、照度が足りない。生鮮食料品を扱う上で手元の照度は絶対に必要だ」と改善を求めました。

別の仲卸業者は、店舗の電気容量不足の懸念を指摘。「保冷庫、ターレットの充電のほか、パソコンや空調などで、現在の30アンペアでは足りない。豊洲に移った後もこのままではお湯も沸かせず、お客さんにお茶も出せない」と訴えました。

■豊洲新市場、開場すれば年98億円の赤字

東京都は17年1月25日に開かれた豊洲PTの5回目の会合で、豊洲新市場を開場した場合、年間98億円の赤字になるとの試算資料が提出されました。

市場会計収支試算によると、業者から受け取る施設使用料などの収入が年間68億円であるのに対し、維持管理費（76億5814万円）や減価償却費、人件費などを含めた総経費は166億円。年間98億円の赤字が生じます。

小島座長は「豊洲の赤字が、他の10の市場の運営・維持管理を圧迫する構造になるのではないか」「地下ピットの追加工事が必要となれば、お金はどんどん消えていく」と懸念を示しました。

都はこれまで、築地市場跡地の売却収入益を3500億円程度と説明していましたが、豊洲PTに提出した資料では4386億円に増やしています。

4 専門家会議再招集――汚染物質次々と

土壌汚染対策を検討するための「専門家会議」が、16年9月に再招集されました。座長は前回（07～08年）と同じ平田健正氏ですが、メンバーは前回の4人から3人に減りました。

10月15日の初回会合では、青果棟の地下空間の大気中から、国の指針値（1立方㍍当たり0・04マイクログラム）の7倍もの水銀を検出したことを報告、再び衝撃が走りました。

報告によると、都が各施設内の11カ所で行った空気の測定で、9月29～30日に青果棟の地下空間内3カ所中3カ所で、指針値の最高7倍の0・28マイクログラムの水銀を検出。水産卸売場棟の地下空間内3カ所中2カ所で、指針値の1・1倍の0・045マイクログラムを検出しました。青果棟の地下空間3カ所では、10月6～7日にも最高0・25マイクログラムを検出しました。

平田座長は、指針値を上回る水銀が検出された原因については「まだわからない」と述べ、引き続き調査するとしました。

傍聴した築地市場業者から「都の説明は信用できない」など厳しい批判の声が相次ぎました。会議中に手をあげて発言を求めた青果業者の男性は「（豊洲予定地が）食を扱うのに適しているかどうか考えなかったのか」と問い詰めました。

水産仲卸業者の男性は「都の対応は欺瞞と隠蔽の繰り返しだ」と批判。「大地震で（土壌が液状化し）汚染物質が上がってくればだめだ。（豊洲）市場には魚が来なくなる」と語りました。

別の水産仲卸業者も地下空間にたまった水からヒ素や六価クロムが検出されたことにふれ、「（都の説明は）信用できない。『（人体に）影響ない』などと軽々しく言ってほしくない」と批判しました。

仲卸業者社長は「都は『バイオ技術で汚染を除去できる』と説明してきたが、全く信用できなかった。断腸の思いで移転準備をしてきたのに、盛り土すらやっていないじゃないか。（移転準備は）全部パーだ」と語気を強めました。

2回目の会合（11月12日）でも環境基準を上回る有害物質の検出が報告されました。

水産仲卸売場棟と水産卸売場棟の間を分断する幹線道路「補助315号線」の地下の観測マンホール6カ所で10月31日～11月1日に採取した砕石層の空気から、1カ所で環境基準（1立方《メートル》当たり0・003《ミリグラム》）の3・67倍にあたる0・011《ミリグラム》のベンゼンを検出しました。水銀も2カ所で指針値を超え、最高で1・68倍にあたる0・0067《マイクログラム》でした。

専門家会議は、換気しながら観測を続けるとしました。地下空間の空気についても観測した上で、たまった地下水を排水した後に改めて観測を行うとしました。

しかし、その後も有害物質の検出は続きました。

12月10日の3回目の会合では、青果棟の地下空間の空気中から、換気を行った後も国指針値の1・25倍の水銀を検出したと発表しました。委員らは地下のたまり水に含まれる水銀が揮発した可能性が高いと判断しました。

また建物外の道路の地下、マンホールから採取した砕石層中の空気からも指針値を上回る水銀、環境基準の2・63倍のベンゼンが検出されました。同所も換気後の数値です。

都の汚染対策を監視している水谷和子さん（1級建築士）は、有害物質が検出され続けていることについて「地中に広く汚染源が残り、そこから汚染が供給され続けている証拠です」と言います。「都は『換気すれば大丈夫』と拙速に決着をつけたいようですが、汚染の深刻さはそれだけで解決できるレベルではない。そもそも永遠に換気し有害物質を排出し続けなければいけない環境は市場として適切ではない」と話します。

専門家会議の指示を受けた都は12月13日、四つの市場施設の地下空間の底にたまった汚染水をポンプで強制排水する作業を開始しました。たまり水は各棟で数千トンあるとみており、たまり水はアルカリ性が強いことから、薬品で中和したうえで下水道に排水しています。

5　不十分な都の「自己検証報告書」

都による盛り土問題の責任検証も始まりました。

都は9月30日、都の内部調査チームによる「自己検証報告書」（第1次）を公表しました。しかし、肝心の盛り土を行わない決定は「段階的に決まった」としているだけで、〝いつ、誰によって〟行われたかは特定できませんでした。小池知事は報告書が「十分ではない」として、引き続き関係者の聞き取りを行うなど再調査を指示しました。

同日、元中央卸売市場長の中西充副知事と岸本良一市場長が会見し、「これまでさまざまな場面で行ってきた説明が事実と異なっていた。都民に食の安全・安心に対する疑念を抱かせた」（岸本氏）と謝罪。しかし、真相は明らかにしませんでした。

「調査は不十分だ」という声が上がるなか、共産党の曽根はじめ都議は10月28日の都議会公営企業会計決算特別委員会で、「自己検証報告書」で盛り土がない事実について建築担当部門は認識していたが、土壌汚染対策部門は知らなかったと報告していた点にふれ、土壌汚染対策を担当する都の基盤整備担当部が事前に把握していた事実を示し、自己検証のやり直しを求めました。

曽根氏は、地下水管理システムを設計した日水コンが都に提出した設計報告書では地下空間がはっきりと描かれていることを示しました。村井良輔・基盤整備担当部長は「（盛り土のない）図面は確認している」と答えました。

さらに曽根氏は報告書で、地下に盛り土をしない場合のリスク評価まで行い、有害物質ベンゼンについては「地下水環境基準の10倍までが許容範囲と結論づけている」とし「食の安全軽視もはなはだしい」と批判。「自己検証報告書も虚偽報告だった」として再調査を求めました。

都は2回目の「自己検証報告書」を11月1日に発表し、地下空間を設ける意思決定をした当時の中央卸売市場の幹部8人（OB含む）の懲戒処分方針を決定しました。

報告書は地下空間について、2010年11月、基本設計仕様書に地下空間を記載し、11年8月の新市場調整部の部課長会で方針を確認したと断定しました。

小池知事は会見で8人について「事実を知り得る立場にあったと判断できる。知らないで済まされる立場にない」とのべ、議会で事実と異なる答弁を繰り返したことは「言語道断」と批判しました。

処分の対象者は当時、中央卸売市場長だった岡田至（退職）と中西充（現副知事）両氏をはじめ、塩見清仁・管理部長（現オリンピック準備局長）、宮良真・新市場整備部長（退職）ら8人。しかし最高決定者である、石原、猪瀬、舛添元知事の責任には触れずじまい。「トカゲのしっぽ切り」という声も上がりました。

都の元局長は、本紙に「中央卸売市場の部長や課長クラスだけで、盛り土をしないという重大な決定を勝手にできるはずはない。副知事を含めて上部に報告を上げていた疑いがある」と語りました。

6　地下水管理システムの破綻

盛り土とならぶ土壌汚染対策のもうひとつの柱である「地下水管理システム」の破綻も明白になりました。

このシステムは、汚染された地下水が上昇し、揮発した有害物質が建物内に入らないよう、地下水をくみ上げて排水し、日常的に水位を海抜1・8《メートル》までに抑えるというものです。

共産党の大山とも子幹事長は10月4日の本会議代表質問で、同システムの設計から維持管理までを一手に受注した日水コンについて、都が入札の条件とした地下水の流動解析の実験研究施設を持っていないなどの事実を指摘。日水コンとの契約をめぐる経過は極めて異常だと追及しました。

「日水コンとの契約をめぐる経過について全面的な調査が必要ではないか」と迫る大山氏に、小池知事は「市場問題プロジェクトチームを設けており、必要があればそこで調べる」と答えました。

共産党の尾崎あや子都議は10月6日の経済・港湾委員会の集中審議で、新市場の直近の地下水位が海抜3~5《メートル》と、同システムで抑えるとしている1・8《メートル》を大きく超える高さであることをあげ、「地下水管理システムは機能していないのではないか」と追及。また、市場の建物内の空気中からもベンゼンが検出されている事実を示し、汚染地下水による盛り土の再汚染や建物内への影響の恐れがあると指摘しました。

共産党都議団は10月27日に記者会見し、地下水管理システムの現地調査結果を発表しました。

調査では、地下水管理システムの本格稼働開始後10日以上たっても地下水位は平均3・4《メートル》、高い所では4《メートル》以上で推移していることが判明しました。

また、都は新市場の58カ所に設置した揚水用の井戸について「地下水位が高さ１・８メートルに達すると稼働し、全体で１日６００立方メートルをくみ上げる」と説明していましたが、実際には本格稼働後も揚水量は１日平均２７３立方メートルにすぎず、地下水の変動を見るのに不可欠な雨量計も設置していなかったこともわかりました。

記者会見で、かち佳代子都議は「地下水管理システムは当初の計画通りに機能せず、事実上の破綻状態に陥っている。盛り土が再汚染された危険が強く、全面的な調査を行う必要がある」と強調しました。

16年12月2日、共産党の曽根はじめ議員は、豊洲市場移転問題特別委員会で、地下水管理システムが破綻している数々の事実を示し「欠陥システムだ」として移転計画の中止を求めました。曽根氏は、同システムは地下水が海抜２メートル以上に上昇してしまった場合を想定しておらず、地下水位を下げる機能がないと批判。「少しの降雨で地下水位が上がってしまっている。現在の地下水管理システムはあまりに脆弱だ」と述べ、盛り土が再汚染されている可能性を示し「食の安全・安心の保証は確保できない」と強調しました。

7　建設工事の談合疑惑

豊洲新市場の施設建設工事などでの官製談合疑惑も検証の俎上《そじょう》に上がりました。

共産党は、新市場の建設費が当初計画の990億円から2744億円に膨れ上がった問題や、都と大手ゼネコンによる「官製談合」疑惑を取り上げました。

三つの売場棟建設工事（14年2月～16年5月）では、大手ゼネコンをトップとする3者の共同企業体（JV）が受注しました。13年11月の入札が不調となった直後、都は入札参加ゼネコンに聞き取りを行い、「採算が取れない」という大手ゼネコン側の要求を受け入れ、予定価格を6割も上乗せして14年2月に再入札を実施。合計1034億4000万円で発注し、平均落札率（予定価格に対する落札額の比率）は99・87％と異常な高さでした。

共産党のかち佳代子都議は10月5日の本会議一般質問で「入札の経過といい、高額落札といい、官製談合が行われた疑いが濃厚だ」と指摘し、徹底調査と検証を知事に求めました。

小池知事は「市場問題プロジェクトチームに建設費の検証をお願いした。都民に開かれた場で、なぜこのような額になったのか、理由を明らかにしたい」と答弁。また、「談合は断じてあってはならない。より透明性のある入札・契約制度の構築に向け、都政改革本部で外部有識者を交えた議論を行う」と述べました。

共産党の和泉なおみ都議は11月14日の都議会各会計決算特別委員会で、豊洲新市場の3件の売場棟建設工事の落札率がいずれも99％を超えていたにもかかわらず、都の第三者機関の入札監視委員会が機能していなかった事実を取り上げました。監視委で12年4月～15年3月まで審議対象を選定した委員長が、豊洲移転を推進してきた岡田至・元中央卸売市場長では、公平・公正に審議できないと厳しく批判しました。

和泉氏は、15年度の9億円以上の都発注工事入札の平均落札率を質問。武市敬財務局長は複数者入札の平均落札率が90・9％であるのに対し、1者入札では99・1％だったと答えました。

和泉氏は、15年度の契約金額50億円以上の工事12件のうち6件は1者しか入札せず、落札率は全て99％を超えていると指摘。高額な入札の経緯について、都民に明らかにするとともに、50億円以上の大型事業の1者入札問題について踏み込んだ対策を検討するよう求めました。

尾崎あや子都議は12月8日の本会議一般質問で、入札監視委員会の歴代委員長3人がいずれも都財務局の幹部ＯＢであることをあげ、「監視委は第三者機関にふさわしく、委員には都庁の職員であった者は選任しないのが当然のあり方ではないか」と改革を求めました。

小池知事は「都民の目から見て、選任自体に公正性が疑われるようなことは避けるべきであり、委員長を含めた委員について都のＯＢではない学識経験者から選定するよう指示をした」と答えました。

こうした追及をうけ、都の都政改革本部は12月22日、都が発注した大型工事について、事業者が1者しか入札に参加しない「1者入札」を改める方針を示しました。

都政改革本部のプロジェクトチームは、都が15年度に行った工事入札で、入札参加者が少ないほど落札率が高くなっている問題について、「1者入札には競争性が認められない」と指摘。全ての工事で3者以上による入札を行った場合、最大686億円を節約できた可能性があるとして、1者入札を回避する入札制度を導入する一方、最低制限価格制度や予定価格の事前公表制度を見直す方針を打ち出しました。

8　市場会計決算を不認定

そんななか、都議会で異例の事態が起きました。都議会公営企業会計決算特別委員会は12月5日、盛り土問題にからみ15年度の中央卸売市場会計決算を不認定としました。都の決算が不認定となるのは、新銀行東京にからんだ08年度一般会計決算以来です。

自民党のみが認定に賛成するなか、日本共産党、公明党、民進党系2会派、かがやけ、生活者ネットが反対。可否同数となり、委員長（公明党）決裁で不認定となりました。12月15日の都議会本会議で議決しました。

委員会の採決に先立ち、共産党の曽根都議は、事実が都議会と都民に覆い隠されたとして、「虚偽答弁が長期にわたり繰り返されてきたことは、都政への都民の信頼を根底から失わせるものだ。都議会と都民をあざむき続けてきた市場当局の欺瞞的な対応の責任は厳しく問われなければならない」と批判しました。

曽根氏は、最悪の土壌汚染地である東京ガス豊洲工場跡地に生鮮食料品を扱う卸売市場を移転させること自体に反対だと表明。今後の移転をめぐる議論では、都があくまで都民第一で誠実に取り組むよう求めるとともに、市場業者の苦しみに応えて最善の補償と、築地市場の補修改善に直ちに取り組むよう主張しました。

共産党は12月の都議会第４回定例会でも追及の手を緩めませんでした。

里吉ゆみ都議は12月７日の本会議代表質問で、都が新市場予定地内の土壌と地下水は「汚染物質をすべて除去した」と説明しているが、取り除いたのは調査で汚染が見つかった所だけであり、「都民と都議会に対する虚偽説明だ」と批判しました。小池知事は、除去したのは調査で見つかった汚染物質だけであることを認めました。

里吉都議は、盛り土をし、地下水を管理するという土壌汚染対策の柱が破綻し、今も建物下の地下空間から環境基準や国指針値を上回るベンゼン、ヒ素、水銀が検出されていると指摘。豊洲移転計画の抜本的再検討を提起しました。

また、石原元知事が強引に買収を進めさせた結果、８６０億円に上る新市場予定地の土壌汚染処理費用のうち東京ガスの負担はわずか78億円で、残りはすべて都が負担したこと、土地購入価格も土壌汚染がないものと評価して１８５９億円という高値になったことを批判。用地取得に関わった石原元知事、浜渦武生元副知事からの聴取を要求しました。

小池知事は「ご指摘について真摯に考えていきたい」と答えました。

9　マスコミも注目

　共産党都議団の調査、論戦はマスコミの注目を集めました。「毎日」16年10月1日付の豊洲新市場問題の特集では、「共産都議団が究明」の見出しと、「豊洲市場の主要建物下に盛り土がされていなかったことを突き止めたのは、共産党都議団だった」との書き出しで、党都議団が盛り土問題を最初に明らかにしたことを紹介しています。

「都政追及　共産が存在感」の見出しで、盛り土問題を党都議団が独自の現地調査で明らかにしたことを報じたのは、「朝日」10月6日付都内版。都議団が建物の下に盛り土がないことをつきとめた経緯を紹介しています。

　地下水管理システムの疑惑を取り上げた大山とも子幹事長の10月4日の代表質問は、「毎日」5日付が「地下水管理、条件満たさず契約か　共産都議団指摘」と報じました。

10月5日には日本テレビ系とTBS系の午後のワイドショーが、かち都議の一般質問の豊洲新市場問題の部分を生中継。テレビ朝日系「たけしのTVタックル」は、築地移転問題を報道してきた赤旗編集局と首都圏総局にカメラを持ち込み、岡部裕三記者へのインタビューを9日に放送しました。

　盛り土問題が明るみになった直後から、共産党本部や都議団、赤旗編集局には全国から激励の声が相次ぎ、専門家からのアドバイスも寄せられました。都内在住の女性は電話で「議員が増えていて本当によかった。石原元知事や舛添前知事の責任追及ができるといい」と語りました。千葉県の男性は「党都議団の調査能力、さすがだと思いました。都議会で、徹底的に追及してもらいたい」と話しました。

一方、都に対しては、全国から怒りや不信の声が殺到しました。盛り土問題が発覚した翌週、担当部局の中央卸売市場には1日で約400件の声が電話やメールなどで殺到。集計に追われた担当者は「とにかく多くて把握できていない」と話しました。

■豊洲新市場を公開

都中央卸売市場は16年11月30日、豊洲新市場施設をメディアに公開しました。建物は5月に完成したものの、外回り工事はまだ終了していませんでした。

公開したのは青果棟、水産仲卸売場棟、水産卸売場棟、管理棟の各施設、業者から危険性が指摘されているヘアピンカーブ、地下水の汚染監視・排水処理施設など。記者団の質問に都は、仲卸業者の店舗造作工事の完成は約5割で、ターレットの使用ルールなどは業者団体と合意していないと説明しました。

都は豊洲新市場の維持管理経費は1日あたり2100万円で、築地市場の約5倍に増える見込みだと明らかにしました。

■豊洲新市場施設　建設単価は都心の高級ホテルより高額

豊洲新市場の施設建設単価が都心の高級ホテルよりも高いことが、17年2月1日の都政改革本部の会合でわかりました。

都特別顧問の宇田左近氏は、5～7街区の売場棟の建設費単価が1平方メートルあたり50万円（1坪あたり165万円）を超え、都心の高級ホテル（12年完成、同42万円余）より高額であると批判。高騰した主要な要因は1者入札が行われたことにあると指摘し、「入札制度などの抜本的改革が必要だ」と述べました。

村松明典・中央卸売市場長は「耐震工事など個別の事情もある」と説明したのに対し、特別顧問の飯塚正史氏は「コンクリートの量の話ではない。ただのビルである（新市場の）管理棟の単価が66万円になっている」と指摘しました。

3章　石原都政の下で東京ガス豊洲工場跡地を購入

1　土壌汚染が明確な豊洲工場跡地を移転先とした石原元都知事

ベンゼン、シアン、ヒ素など発ガン性があったり、猛毒な有害物質で汚染されていることがわかっていた東京ガス工場跡地に築地市場を移転する計画が、石原慎太郎知事のもとで浮上し強引に進められてきました。

共産党都議団が最初に移転問題にかかわる疑惑を明らかにしたのは、２００７年3月です。部分的に開示された公文書をもとに、「築地市場の豊洲移転をめぐる石原知事の責任逃れの虚偽発言を糾弾する」と記者会見し発表しました。その主な内容は、豊洲移転は石原知事のもとで決定されたこと、東京ガスは「築地市場の豊洲移転は受入難い」としていたこと、東京ガスから土地を入手するために「補償」を行っていたこと、土壌汚染は深刻で対策に巨額な費用がかかると通告されていたことなどでした。

２０１６年11月25日、さらにその内容を詳細に裏付けることができる資料が、共産党都議団に都側から届けられました。それは、9月27日の経済・港湾委員会で共産党都議団が、東京ガス豊洲工場跡地の土地取得の経緯について資料要求した「東京ガス豊洲工場跡地の土地取得に至る都側と東京ガスとの交渉にかかわる全記録」というものでした。10月5日に提出された資料では全面墨塗りの状態で打ち合わせの内容はまったく不明で、すでに07年3月時点で入手できていたものが分かるに過ぎませんでした。

それが、11月25日になって、個人情報を除く部分が開示されて届けられたのです。

■石原知事の下で始まった土地取得

開示された資料をみると、1998年9月21日、最初の東京ガスとの話し合いが始まりました。この記録を見ると、話し合いの発端は、都にたいして、水面下で臨海部への移転の可能性について三菱総研に委託して調査していたことを抗議するものでした。臨海部への移転の可能性について、都が、東京ガス豊洲工場跡地もその対象の一つとして、東京ガスに許可もなく8月から調査を行っていたことが発覚し、同年9月21日になって経緯の説明に東京ガスに訪問しました。

東京ガス側は文書での謝罪も要求しました。このことが、築地市場の移転との関連で問題になるのは、98年4月、市場業界6団体から臨海部への移転可能性の調査・検討の要望が都に出されて、水面下で都が具体的に動きだしていたということです。

当時、築地市場を現在地で再整備するという方針の下、業界団体と東京都のもとに、「築地市場再整備推進協議会」という公式の協議の場がありました。その協議は、第14回が97年10月に開催されていますが、次の第15回までにはしばらく間が開き、99年2月になります。その第15回協議会では、97年10月に確認された現在地再整備案基本案を出発点とすることが、参加者全員で再確認されているのです。

石原氏の知事就任は99年4月です。このように、石原都知事が誕生するまでは、都として東京ガス豊洲工場跡地への移転が検討されてきたわけではありません。後述しますが、あくまでも臨海部への移転の可能性への検討の材料としてというものでした。

■水面下で動き出した東京ガス豊洲工場跡地への移転

都として東京ガス豊洲工場跡地を取得し、移転の可能性について水面下で検討を始めることで東京ガスと合意したのは、石原知事が誕生して約半年後の99年11月24日です。福永正通副知事が、訪問した時には、東京ガスは「直ちに移転ありきの検討はできない」と主張しましたが、それでも水面下で情報交換をしていくことで合意しました。

その後、2001年2月21日に築地市場の東京ガス工場跡地への移転で双方が合意し覚え書きを交わすまで、2年以上かかります。この間の打ち合わせでは、東京ガスの立場は「基本的に受け入れがたい」（2000年6月）というものです。その立場を覆させ、土地の売買を前にすすめることになった要因は、同年10月、浜渦武生副知事が東京ガスを訪問し、東京ガスにたいして都として「最大限協力する」「株主に損はさせない」「（土地価格、開発者負担金など）水面下ですすめる」ことを約束したことでした。その後、一気に話がすすむことになります。

　この覚え書きを交わすまでの間の東京ガスとのやりとりを見ていくと、まとまった面積40ヘクタルが欲しいとはいうものの都からはその明確な根拠が示されません。あるいは東京ガス側は２から５街区（豊洲ふ頭の根元部分）を提案しましたが、都側は先端部の土地（現在の用地、６、７街区）にこだわり続け、「知事が判断するまでに決めたい」と知事の意向のもとで、あくまでも土壌汚染が深刻な先端部を中心とした40ヘクタルの土地を取得するために働きかけました。

　しかも、最終的には先端部の土地取得で合意するのですが、都が根元部分の土地取得に難色を示した理由である道路等による用地の分断（東京ガスは解決策も示す）は、先端部で生じることになりました。しかし、都側からそのことを問題にすることはありませんでした。しかも、工場操業由来の土壌汚染問題があることを承知で先端部を取得することになるのです。不可解としか言いようがありません。

■土地取得後に土壌汚染の処理費用で譲歩を重ねる

　石原知事が都民、都議会に、東京ガス豊洲工場跡地を築地市場の移転候補地とすると表明したのは、01年2月21日、都議会本会議の施政方針演説においてでした。

　東京ガスはその１カ月前に、豊洲工場跡地が環境基準の１５００倍のベンゼン、危険なシアンが検出下限値の490倍など、有害物質で汚染されていることを公表しました。

都民、市場関係者は、この発表によって、東京ガス工場跡地には深刻な土壌汚染問題があることを知りました。

石原氏は、知事になってからの水面下の交渉の中で、東京ガス豊洲工場跡地に深刻な土壌汚染問題があるという情報提供を受けた上で、豊洲工場跡地を、築地市場の移転先候補地として、副知事らに土地取得の交渉に当たらせてきたのです。そのためか、石原氏の当時の発表では、この東京ガスの土壌汚染問題について、公には何ら触れることはありませんでした。

東京ガス豊洲工場は、1956年から88年まで、約30年以上にわたって都市ガスを製造しており、その製造過程で、ヒ素が使われ、ベンゼン、シアン化合物が副産物として生成されていました。タールも生み出され、ドラム缶に入れて仮置きされ、そのドラム缶が腐食して、タールが地中に浸透していたのです。また、タールの残渣《ざんし》を木屑等とまぜて燃料として都内の銭湯に出荷していたことも、その後、東京ガスが報告しています。

左の写真でも明らかなように、こんな場所を、あえて「食の安全・安心」を第一とする市場の移転候補地に挙げた石原氏の責任は極めて重大です。

東京都中央卸売場のホームページより（完成イメージ図）

もともとは東京ガスの工場跡地

都の「第１回豊洲新市場予定地における土壌汚染対策等に関する専門家会議」での配布資料から

2　東京ガスは優遇、市場会計は高負担

石原氏は、東京ガス豊洲工場跡地の取得にあたって、深刻な土壌汚染について問題ないかのような対応をしてきましたが、東京ガスへの優遇はそれだけではありません。

２００１年7月、東京ガスと都の間で、土地区画整理換地案として東京ガスが都の用地を入手する、開発者負担を軽減、土地価格の見直し等で合意し、土地の買収合意をしました。

40ヘクタールの土地の価格は、１８５９億円です。本来なら土壌汚染対策費を原因者として負担することが原則であるにもかかわらず、都はこの土地を土壌汚染がないものとして通常の価格で買収しました。しかも、東京ガスは都の買収に応じたことによって、東京ガス等の土地所有者が実施することになっていた周辺の防潮護岸工事費の負担をまぬがれた代わりに、都の市場会計が２１２億円、臨海会計と一般会計が各１１９億円負担することになりました。

土地区画整理事業の換地という手続きでは、東京都がもっていた江東区豊洲の汚染の可能性の低いふ頭の根元部分の広大な土地を東京ガスが手に入れるという恩恵も受けました。

石原元知事が無理矢理に東京ガス豊洲工場跡地を買収したために、東京ガスが莫大な利益を得る一方、東京都は逆に莫大な財政負担を余儀なくされたのです。

■土壌汚染対策費用負担はわずか78億円

東京都の土壌汚染対策には極めて不十分ではありましたが、土壌汚染の除去は、これまで８６０億円もつぎこんだのに、東京ガスグループはわずか78億円を負担したに過ぎません。

開示された交渉記録を見ると、土壌汚染対策の費用にかかわるやりとりは、03年4月から具体的になりました。そこからわかることは、都は追加負担を求めようとしますが、東京ガスからは01年6月合意が土壌汚染が残ることが前提であること、東京ガスがもともと立てていた処理計画の範囲内を負担するものであることが強く説明され、それが不満なら白紙に戻すと言われ続けることになります。

結局、繰り返し打ち合わせが行われ、03年12月22日に対策処理の範囲を「AP（海抜）２メートルより上部の汚染の除去、環境基準より10倍以上の（汚染の）除去」で合意しました。

次に問題になるのが、その具体的金額です。11年1月18日から、土壌汚染処理等の東ガス負担などについて打ち合わせが頻繁に続きます。その時の添付資料で、都から東京ガスにたいして操業由来の処理費用が２２２億円であることが示されます。その他には、瑕疵《かし》担保責任が及ばないようにすること、土地鑑定評価などで将来開示請求がされても耐えられるものにすること、追加請求がないこと、土地売買後に問題がおきないようにすることなどが確認されます。都は土地の売却益にかかる税金、固定資産税の軽減についてまで東京ガスのために対応する約束までしたのです。

その後の打ち合わせでは、東京ガスの土壌汚染対策費用負担について知事への説明が80億円であること、都の提示額が86億円、東京ガスの提示額が72億円であることなどが示されていきます。そして11年3月25日、東京ガス、東京都が共同して、東京ガスの土壌汚染対策費用の負担分を78億円とすることを発表しました。

■中央卸売市場は土壌汚染以外にも大きな問題

市場が犠牲を払ったのは、それだけではありません。

もともと交通インフラもない土地ですから、市場として使うなら、市場機能にふさわしい交通インフラ整備をすすめれば良いわけですが、優先されたのは、環状2号線、補助３１５号線の整備でした。そのため、豊洲は市場用地として40㌶と広いように見えても、その中心部が幹線道路で分断されてしまうため、市場関係者からは野菜・果物と水産物の買い回りを一体にできない、場内での上下階の移動によるロスが多いなどと、迅速で効率的な物流動線の確保ができないという市場としての致命的な欠陥を抱えながらの整備となりました。

この問題は、先に触れたように水面下で東京ガス豊洲工場跡地の土地取得をすすめてきた段階で、東京ガスが根元部分の売却を主張した際に、都側が「道路で分断され市場としての機能に支障が生じる」と主張してきたという問題です。

あくまでもふ頭先端部分、現在の予定地となっている部分の土地取得への石原氏のこだわりには、このように大きな矛盾があります。

■「市場業界全体の一致が前提」もくつがえす

そもそも築地市場は、業界団体が一致して現在地再整備ですすめるという方針でした。それが、１９９６年ごろから、現在地再整備が壁にあたります。営業を継続しながらローリング方式という困難な中での事業でしたから、様々な課題に直面するのは想定されることです。

それは、整備中に市場に買い物に来る人の駐車場がきわめて不便で、買い荷保管所にスムーズに行けるように動線を確保することが業界団体から強い要望として出されるのですが、解決されずに整備内容を従来の計画から縮小、見直しの方向へ向かってしまうのです。仮移転にあたって無利子の貸付金制度も行われません。こうした緊急対応が求められる要望が段ボールに何箱も都に寄せられているにもかかわらず、都に設置された築地市場再整備推進協議会は、年に1回か2回程度の開催、しかも制限時間1時間で半分が都側からの報告で話し合いは半分です。

都側の対応が、こうしたひとつひとつの困難を打開する上で、十分な体制になっていなかったということです。

大型エレベーターの増設、仲卸売場から駐車場へのターレット専用道路の設置、乗り合い運送車の保管場所確保など業界団体から要望が出されますが、都は財政難などを理由に要望に応えずに、再整備工事の中断に至りました。

それればかりか、大赤字、破綻に直面した臨海副都心開発救済の思惑から、臨海部への移転の動きが出されてきました。たとえば、95年の築地市場再整備推進協議会では、臨海副都心への移転のうわさがある、市場関係者の一部から臨海副都心へ移転したらどうかと言う声も出て、ただでさえ現在地再整備が継続できるかどうか不安が増している中、業界全体の意志が乱れることになります。しかし、第15回築地市場再整備推進協議会（99年2月）では、97年10月に確認した現在地再整備案を出発点にすることを改めて確認することになります。

１９９０年代当時の現在地再整備が行き詰まった要因について、都側は業界が一致できなかったからだとしていますが、実際の経過を詳細に検証すると、業界団体が一致していた現在地再整備という一大事業に「オール都庁」として万難を排して当たるという都の体制に問題があったと言わざるを得ません。さらに、その最終段階で、業界団体の現在地再整備の意向を決定的に覆すことになったのが、石原氏のもとでの東京ガス豊洲工場跡地への移転決定でした。

09年9月から開かれた都議会の築地市場移転・再整備特別委員会で、共産党都議団は10年4月21日の質疑で、これまでの経過を全面的に分析して、築地市場の現在地再整備が中断に至った原因が都の姿勢にあったことを明らかにしました。

第1に、工事中の買い出し人の駐車場が極めて不便な状況にあり、工事促進に向けて様々な要望が都に出されたにもかかわらず、都の対応はまったく不十分でした。

第2に、建設などのコストの増大、それに伴う使用料の上昇、営業への大きな影響、業者間の不公平感の解消などであり、都が営業補償を含む必要な財政負担をすれば解決可能でした。また、都は公営企業会計だから独立採算でやらなければならないと、都民の台所を守るために必要な一般会計からの支援はできないとしてきたからです。財政難を理由に、再整備計画の縮小・見直しに舵を切ったことが、現在地再整備をますます困難なものにしました。

第3に、そうした状況のもとで、市場整備推進協議会に、市場関係者の一部に臨海副都心へ移転したらどうかという声も出ているとか、さらに都側からは、現在、臨海副都心開発懇談会において、臨海副都心、豊洲及び晴海地区の利用方法について検討中であるという答弁もされるなどして、東京都に臨海部への移転の可能性について調整検討願いたいと要望が出されました。しかし、最終的には「業界も移転の可能性を見きわめることは困難な状況」ということで一致したにもかかわらず、都は豊洲移転しかないという方向に、強引にもっていきました。

生鮮食料品の流通のあり方は、国民生活に直結し大きな影響を与えるため、公正な取引、円滑な供給と消費の安定、食品の衛生を確保するため、法律によって地方自治体が中央卸売市場の管理・運営をすることが決められています。この中央卸売市場の整備計画は、建物だけでなく、こうした取引のあり方も含めて定めています。そのため、その中心的な築地市場の再整備の考え方は、もともと「市場業界全体の一致した意思と場外市場関係者並びに関係区の協力が前提」（98年6月）というものでした。

国政の方向も、現在地再整備を困難な方向に導きました。自民・公明党の政権が「構造改革」路線のもとで、生産の大型化、輸入品の増大、大型小売店、外食産業等の大口需要者の増大などに対応するため、取引の規制緩和、卸売市場の再編整備・大型化を進めていたからです。

石原知事の豊洲移転計画は、この動きを先取りするとともに、築地の用地を都心間近な一等地として、再開発することを目的としたものなのです。また、破綻した臨海副都心開発を甦らせることも、狙っていました。

3　移転案に一貫して反対してきた共産党都議団

■2001年2月の豊洲移転発表の時

石原知事のもとでの、築地市場の東京ガス豊洲工場跡地への強引な移転に対して、都議会各会派の対応が最初に問われたのは、01年2月の都議会でした。

石原氏は2月21日の施政方針で、豊洲地区を新しい市場の候補地とし、今後、関係者と本格的な協議を進めていくことを発表しました。この日に、東京都と東京ガスとの間で、土地取得にむけて協議していく覚え書きを交わしています。

自民党は、この施政方針を受けて、2月27日の代表質問で「積極的に豊洲への移転を進める必要がある」と応援する代表質問をします。公明党は、経済・港湾委員会で「一日も早く整備がなされるよう努力されたい」と意見を述べました。

共産党都議団は、経済港湾委員会で「築地市場の再整備に当たっては、豊洲移転を前提とせず、市場関係者、関係区の総意を酌み尽くし、合意によって進めること」と意見表明しました。

東京都卸売市場審議会でも、各会派の対応が問われました。

２０００年12月の第54回審議会では、関係者の合意が得られていないにもかかわらず、東京ガスとの間での土地取得交渉が行われていることを共産党都議団として問題にしました。

この点では、中央区長も同様に「納得できない」との立場をとりました。

こうした意見が出ていたにもかかわらず、01年４月の第55回審議会では、「豊洲地区を候補地として移転整備に向けた検討を進めるべきである」とした「東京都卸売市場整備基本方針案」が提出されました。日本共産党の委員は、明確に反対の意見を表明しました。中央区長も「答申案には納得できない反対」と立場を明確にしめしました。自民・公明の委員は、いずれも同意しています。

共産党都議団は、その後も一貫して、豊洲移転にかかわる問題点を、繰り返し取り上げてきました。その点は、後段で詳細に紹介します。

■2009年の都議選で移転反対派が多数に

09年夏の都議選で、共産党都議団は13から8議席に後退する一方、民主党は、「築地市場の移転に民主党はNO！　自民党はYES」とマニフェストに掲げ、34から54議席になり、築地市場の豊洲移転問題で反対を表明する会派が多数となりました。

その結果、その直後の9月の都議会第3回定例会で「東京都中央卸売市場築地市場の移転・再整備に関する特別委員会」が設置されます。

翌10年の都議会第1回例会で、共産党都議団は、市場会計における築地市場の1300億円近い豊洲新市場移転関連経費を削除する修正案を提出しました。都議選で「移転ノー」を公約した政党・会派が共同すれば、少なくとも移転用地購入費を削除できたのです。ところが民主党は移転中止の公約を破り、共産党の修正案に反対し、自らは修正案も提出せずに予算に賛成したのです。

民主党はその後、11年都議会第1回定例会では、議員1人が会派離脱をして、豊洲移転の予算はわずか1票差で可決されます。

■猪瀬知事、舛添知事時代も強引にすすめる

12年12月に石原氏の後継指名を受けた猪瀬直樹都知事が就任しました。猪瀬氏は、築地市場移

転の見直しはしませんでした。猪瀬氏の築地市場への認識は、狭く、古く、早期の移転が必要というもので、石原氏と同様の認識です。

13年12月、技術会議が開催され、土壌汚染対策工事に欠陥があるにもかかわらず、7街区で提言通りに完了したことを確認したとの座長の発言を受けて、市場長が建設工事への着手を発表。13年12月、市場売場施設工事の予定価格をゼネコンの要求を受け入れて1・6倍に高騰させたのです。

14年2月に舛添要一氏が都知事に就任しました。舛添氏は、豊洲への移転期日を16年11月7日に決めた時の都知事です。この日程は、オリンピックに間に合わせるためには、築地市場内に通る環状2号線の工事を、遅くともいつまでに着手しなければならないかなどの理由で、築地市場の業者の理解と納得が得られないままの決定のため、大きな不満の声が上がりました。

4　小池知事に石原氏らからの聞き取りを求める

小池百合子知事は、16年7月の都知事選で豊洲問題で「いったん立ち止まる」と公約し、知事就任後の8月31日に、豊洲移転延期を宣言しました。その後、共産党都議団が、豊洲新市場予定地内の主な建物下に、土壌汚染対策とされた盛り土がないことを暴露し、都政を揺るがすことになります。

■石原元知事の関与は明らか

石原氏は今回の問題が発覚してから、「（盛り土がないことは）聞いていない。僕はだまされていた」（16年9月13日の民放テレビ）などと責任逃れの発言を繰り返しています。

しかし、石原氏は専門家会議が土壌汚染対策を議論していた08年5月30日の記者会見で、インターネットで海洋工学の専門家が発言していたとして、「（汚染された）土を全部さらった後、コンクリートの箱を埋め込むことで、その上に市場のインフラ（基盤）を支える。その方がずっと安くて早く終わるんじゃないかということだった」と紹介。「当局が説明している方法だけではなく、もっと画期的な方法があるんじゃないか」と、工法変更への期待を表明していました。

また、石原氏は、土壌汚染が発覚するたびに「びっくりした」「腰抜かした」などと言っていました。しかし、もともと豊洲移転計画自体、石原氏が01年に築地市場の現在地再整備を打ち切って決定したものです。今回、盛り土問題で「だまされていた」と発言していますが、とんでもないことです。

■「わからない」「記憶にない」――石原元知事が都に回答

都は16年10月7日に石原氏に「豊洲市場に関する質問書」を提出しました。この質問状では、東京ガス豊洲工場跡地を選定した理由、交渉経過についてなどを聞いています。

石原氏は、自身の道義的責任を問う質問には「結果として、このような事態に立ち至っていることについて誠に申し訳なく思う」と陳謝しましたが、工場跡地の取得交渉については「私自身は交渉に全く関与していない」と否定。土壌汚染地の購入価格は妥当と考えているのかの質問には「ずいぶん高い買い物をしたと思うが、なぜそうなったかは、判断を求められることがなかったから分からない」と、人ごとのような回答でした。

工場跡地を購入する際に「多額の土壌汚染対策費用の（都と東京ガスとの）負担区分についてどのように考えられたか」の質問に、石原氏は「知事として判断を求められたことがないので、全く分からない」と逃げました。

新市場用地の土壌汚染対策費が８６０億円に上ったにもかかわらず、都が東京ガスグループに汚染対策費負担として78億円しか求めなかったことについて、質問書は「適切な措置と考えるのか」とただしました。石原氏は回答で「今思えばアンフェアーだと思うが、私の判断を求められることはなかったので、全く分からない」と逃げました。

また、高濃度の有害物質が検出された敷地全体に盛り土を行うよう提言した08年の専門家会議の報告書については、「読んだかどうか記憶がない」と無責任な回答でした。

■豊洲盛り土問題——土壌汚染地高額購入も焦点に

都の質問書は、住民訴訟の原告住民側の主張や、都議会での日本共産党の質問などと同様のものがあります。

豊洲新市場をめぐる大混乱の最大の責任が、有害物質で高濃度汚染されていることを知りながら、東京ガスから土地の取得を命じた石原氏にあることは明白です。「全く分からない」などという回答を信じる都民はいないでしょう。

小池知事は、この回答について「さらに伺いたいこともある」と述べました。

16年12月、第4回定例会で共産党の里吉ゆみ都議が代表質問に立ち、小池知事のもとで、情報公開が進み始め、新市場用地取得をめぐるお金の無駄遣い、豊洲移転の無謀さがますます浮き彫りになってきたことを紹介。再質問で、「速やかに石原元知事及び浜渦元副知事から聞き取りを行う必要があると思いますが、いかがでしょうか」と知事の答弁を求めました。

小池知事は、東京ガスとの交渉記録のほとんどを公開したことを明らかにするとともに、「これまでの経過、経緯について、さまざまな疑問、これについて解明を、解消される」との期待を表明するとともに、石原氏等からの聞き取りについては「真摯《しんし》に考えていきたい」と答弁しました。

12月15日、共産党の米倉春奈議員は都議会第4回定例会の討論にたち、この問題で知事に速やかに聞き取りを行うよう求めるとともに、「都議会としても豊洲市場移転問題特別委員会において、石原元知事と浜渦元副知事などの参考人招致を行うことが不可欠です」と呼びかけました。

4章　共産党が暴いた移転計画の〝闇〟

共産党都議団は石原慎太郎知事が豊洲新市場整備の具体化を強引に進める下で、当初から都議会での論戦や現地調査、公文書の開示請求、都への申し入れを行い、土壌汚染の欠陥、新市場整備費の大幅な高騰、新市場整備工事の入札の談合疑惑など、さまざまな角度から具体的に追及し、対案を示し都議会の論戦をリードしてきました。

1　合意形成に努め、豊洲移転を押しつけないよう努力

共産党都議団は毎年の予算審議などで、移転予定地の土壌汚染問題を指摘し、関係者の声を尊重し、合意形成に努めることを求め、豊洲移転を押しつけないよう要求。また、交通アクセス、採算性についても問題点を指摘していました。

さらに、豊洲予定地の取得費や土壌汚染対策費、移転を前提とした関連事業費などを削除する予算組み替え案や修正案を提出し、豊洲移転を中止し現在地での再整備に立ち戻るよう求めてきました。

２００２年10月の公営企業会計決算特別委員会で共産党の河野ゆりえ都議は、都が市場関係者の合意も抜きに「豊洲移転ありき」で既成事実づくりを重ねていることを批判。「豊洲移転計画は見直し、築地市場再整備は改めて関係者の合意の上で策定し直すべきだ」と主張。

06年10月の公営企業会計決算特別委員会分科会では植木こうじ都議が汚染土壌の掘削と盛り土、液状化対策などで巨額の費用がかかると強調。「都民の台所といわれる市場は、汚染されていない土地に造るのが普通だ。汚染が発見されたのだから、汚染のない所に市場を移すのが世界的にも常識だ」と主張しました。

06年11月の経済・港湾委員会では共産党の小竹ひろ子都議が、東京ガスの土壌調査は30メートル四方（９００平方メートル）につき1カ所と網の目が粗いことを指摘。「食べ物を扱う市場という点で、（この程度の調査で）本当に安全なのかが、市場関係者や消費者の大きな不安材料になっている。30メートルメッシュ、１区画９００平方メートルの中が、絶対に汚染物質がないと断言はできない」と批判し、「これだけ汚染が豊洲全体に広がっている土地が、本来市場に適さないと判断するのは当然のことだ。豊洲移転の強行はやめるべきだ」と強く求めました。

■現在地再整備を提案

09年都議選後、「築地市場移転反対」を公約に掲げた共産党、民主党、生活者ネットなどが都議会の過半数を占めました。共産党などが提案した築地市場移転・再整備の特別委員会が同年９

月、自民党、公明党が反対したものの賛成多数で設置されました。

09年12月、同委員会で最初の質疑が行われ、共産党の清水ひで子都議が、流通量に比べ過大な新市場の施設計画を見直せば、築地の再整備は十分可能だと提起するなど、都議会での現在地再整備の議論を活発化させました。

10年3月の予算特別委員会では共産党の大山とも子都議が、豊洲移転に固執して築地の現在地再整備を頑なに拒む都側を批判し、大阪市ではさまざまな対立や問題を克服して再整備を実現した例を紹介。「東京都自身がその気になって、必要なお金も出して、世界に誇る日本の技術を総結集して再整備案をつくるかどうかが重要だ」と強調。現在地再整備の実現のためには「日本の技術を総結集することが重要。必要な対価も支払って現在地再整備案を公募すべきだ」と提起しました。

共産党都議団は、公設市場の現在地再整備に取り組んだ札幌市、大阪市の取り組みを視察し、東京都との違いを詳細に調べてきました。

10年4月には、移転・再整備の特別委員会で清水都議が都の対応を全面的に分析して、現在地再整備が中断に至った要因について、都の責任を明らかにしました。

10年9月都議会の代表質問では共産党の大島よしえ都議が、12月都議会の代表質問では、同党のあぜ上三和子都議がそれぞれ、首都圏の拠点市場化や大型量販店への対応で取扱量が増大する見通しを前提とした巨大新市場構想をやめ、膨れ上がった施設整備費を適正なものに正すことを提起。新市場の整備に本来必要なものとして、公正な価格形成に欠かせない競り売りなど市場本来の機能を取り戻すことや、仲卸業者への十分な経済的支援、仮移転の場合の業者負担を軽減することなど、業者が合意できる現在地再整備計画を都自身の責任でつくるとともに、これまで放置してきた築地市場の老朽化対策を緊急に進めることを求めました。

■「不透水層」神話を崩す

都は豊洲新市場予定地の地下の地層について「有楽町層（東京の地盤をつくる沖積層上部の粘土・シルト層）があり、その中のシルト層は水を通しにくい（不透水層）ので、汚染物質が地中深くに浸透しない」として、地下の深くはまともな調査をしてきませんでした。

その都の論拠が共産党都議団の追及で崩れて行きました。

11年3月の予算特別委員会で共産党の吉田信夫都議は、東京ガス田町工場跡地（港区）の汚染状況と比較しました。同工場は戦前、豊洲工場と同様に30年間余にわたって都市ガスを製造していました。田町工場跡地の汚染調査結果を見ると、豊洲新市場予定地と同様に、シルト層を含む有楽町層が存在しますが、その中では深さ10メートルまではベンゼン汚染がない層が連続していたのに、10メートル以深で環境基準を超える汚染が検出されていたのです。シアン化合物もほぼ同様でした。

この事実を突き付けられた岡田至中央卸売市場長は「シルト層がイコール、不透水層とは言っていない」と従来の説明を訂正せざるを得なくなりました。

それでも、都は豊洲新市場予定地の地層について、「ボーリング調査で透水係数を測定し、不透水層という粘性土が2～20メートルの厚さで一面に広がっている」と、都民と都議会に繰り返し説明してきました。この「透水係数を測定している」という論拠が11年10月の公営企業会計決算特別委員会で、共産党の田副民夫都議の質疑で崩されたのです。

それは第1に、「豊洲に不透水層が存在する」という主張は専門家によるものではなく、都が主導してつくってきたということです。田副氏は専門家会議、技術会議のこれまでの議事録を示して、豊洲新市場予定地のどの地層が不透水層なのかを説明したのは専門家ではなく都の担当者であることを明らかにしました。

第2に、地層の透水性を調べる方法として都が豊洲新市場予定地で行った試験が、標準規格の試験方法ではなかったことです。

第3に、この試験の試料の半数近くに、試験に不適格な試料が混入していたことです。

12年9月には、土壌汚染対策工事が進む中で、「不透水層」近くに汚染が達している地点で、都がさらに深くまで汚染状況を調査した結果、「不透水層」内部深くにまで汚染物質が浸透していたことが分かりました。それにもかかわらず、都が専門家への照会や検証をしていなかったことが、共産党の開示請求文書で明らかになりました。

■技術会議の「専門家」

都は汚染の広がりについての情報をひた隠しにする一方で、専門家会議の提言を受けて08年8月、「新しい発想や新技術の可能性を含めて、広く考えていく」として技術会議を設置しました。しかし、技術会議は非公開で、原島文雄座長（首都大学東京学長）以外の委員の名簿も公開しないという異様な密室での協議を進めました。

技術会議は、土壌汚染対策を具体化するというのに、土壌汚染対策の専門家が入っていませんでした。にもかかわらず、都の欠陥土壌汚染調査と欠陥対策にお墨付きを与えてきたのです。

例えば、11年3月11日の東日本大震災で、豊洲新市場予定地が液状化し噴砂が起きたことを、共産党都議団が現地調査で突き止めました。この液状化によって、地下ではこれまでの調査で判明していた汚染が拡散した可能性が高く、土壌汚染の再調査が求められる事態になりました。しかし、技術会議の委員らは根拠も示さず「汚染土壌の移動は考えにくい」「汚染状況を再度調査する必要はない」と決めつけ、調査しようとしない都を免罪したのです。

共産党都議団はこの事態を重視し、技術会議の委員らにその具体的根拠を示すよう求める公開質問状を提出しましたが、技術会議は受け取りを拒否しました。

技術会議はまた、日本環境学会の専門家から「絵に描いた餅」と酷評されてきた専門家会議の土壌汚染対策方針さえも、コスト優先で骨抜きにさせてきました。

11年10月の公営企業会計決算特別委員会で田副氏は、豊洲新市場予定地の土壌汚染対策の具体化を中心になって進めてきた委員が都職員出身で、〝身内〟からの起用だったことを告発しました。

この委員は、データ隠しが明らかになった10年3月の汚染土壌処理実験の中間報告でも、原位置微生物処理、洗浄処理、中温加熱処理など都が進める汚染処理方法の有効性について、原島座長から見解を問われてゴーサインを出してきました。

それればかりか、技術会議で「もっと簡単ないい方法があるなら、そちらに変えてもいい気がする」「洗浄処理は意外に適用範囲が広いのではないか」と、科学的な検証を抜きにして、より簡易な処理方法や経費削減を提言してきたのです。

■建設費高騰をただす

14年9月の経済・港湾委員会では共産党の尾崎あや子都議が、新市場の施設整備費が当初計画の2倍以上に膨らむ見通しを質問。「豊洲新市場予定地の深刻な土壌汚染は、建設工事費も高めにならざるを得ない構造をつくっている。都民や業界団体も一番心配しているのは、建設費にいくらかかるのか、資機材の高騰や人手不足などから建設費がもっと上がるのではないか、市場使用料はどの程度かかるのかということだ」と述べ、全容を都民に明らかにするよう迫りました。

16年11月の都市整備委員会では同党の松村友昭都議が、都が東京ガスから豊洲新市場予定地を入手した際、土壌汚染を含まない不当に高い評価額で取得したことを指摘。「(汚染の)処理を原因者の東京ガスに求めるべきだ」と述べ、土壌汚染対策費が860億円かかったにもかかわらず、東京ガスの負担額を78億円に軽減させたことを批判しました。

2 自民・公明の対応は

01年2月に石原知事が東京ガス豊洲工場跡地への移転を表明してから後の、自民・公明両党の対応はどうだったでしょうか。

07年4月の都知事選で石原知事は専門家による土壌汚染調査を公約せざるを得なくなるところまで追い込まれ、09年2月には技術会議が予定地の汚染土壌処理策を提言しました。

■自民党――豊洲移転は最善の選択

自民党は09年12月の都議会で「一日も早く新市場を開設させることこそが都議会の役割」と主張。10年3月の予算特別委員会では「豊洲への移転は最善の選択」「すみやかに豊洲新市場を開場できるよう全力で整備を」と求めました。さらに、市場移転・再整備特別委員会では「豊洲新市場予定地は市場用地として十分安全・安心が確保されている」(10年10月)と評価。

盛り土をめぐる虚偽報告が発覚して開かれた16年10月の経済・港湾委員会でも、「土壌汚染のある東京ガス工場跡地を、日本の技術の粋を結集し、きわめてデリケートである食品を扱っても大丈夫だと言える土地に再生させていく。これが最初の壮大な挑戦だった」として、「この難局をぜひ乗り越えていただきたい」と都を「激励」しました。

■公明党――豊洲移転予算に一貫して賛成

公明党は、それまで豊洲移転を推進してきながら、専門家会議の調査で基準の最高4万3000倍のベンゼンが検出された直後の08年6月には「都民の多くは、今、強く食の安全が求められる中、なぜ土壌汚染された場所に築地市場を移転させるのかと、食の安心に不安を抱いている」と動揺を隠しきれなくなり、「再調査の結果、汚染対策費は、当初予定の670億の2倍の費用がかかるともいわれ、そこまで巨額の税金を使って、あえて豊洲に移転する必要があるのかという疑問の声も上がっている」と言わざるを得なくなりました。

その後も、土壌汚染問題では「(市場は) 無害化された安全な状態となることが前提」(10年3月の本会議) などとしながら、移転予算には一貫して賛成。

10年10月の市場移転・再整備特別委員会では「現在地再整備の実現は不可能。豊洲新市場の整備に一刻も早く着手すべきだ」と主張。11年3月の本会議では市場関係者が100%合意形成するまで都の態度決定を先延ばしせず、すみやかに方針を決定するよう求めました。

11年11月の経済・港湾委員会では、豊洲移転に反対する人たちを「あまりにも時代錯誤の、情けない、都民の要望を無視した主張だ」と攻撃。「先見性、洞察力」が「豊洲移転に対する政治家の持つべき資質、立場だ」とまで言ってのけたのです。

そして、豊洲移転を進める予算には一貫して賛成し続けています。

◇　◇

▽インタビュー①

豊洲への移転中止こそ――生鮮食料品扱う市場に不適切

――坂巻幸雄さん（日本環境学会元副会長）に聞く

東京都が築地市場の移転先とする豊洲新市場予定地の土壌汚染問題で、地質研究者の坂巻幸雄・日本環境学会元副会長は、土壌汚染の深刻な実態や都の汚染対策の問題点を早くから指摘し、豊洲移転の中止を主張してきました。坂巻氏に話を聞きました。（東京都・川井亮）

豊洲新市場予定地は東京ガスの工場が操業していたことから、ベンゼンやシアン化合物、ヒ素、水銀、六価クロムなど高濃度の有害物質で汚染された場所です。

東京都が設置した専門家会議は2008年に、「土壌を深さ2《メートル》掘削し、厚さ4・5《メートル》の盛り土を行い、地下水位を管理すれば大丈夫だ」と提言しました。私たちはこの対策は「絵に描いた餅」だと批判してきました。しかも16年9月、主な建物の下は土壌汚染対策として行うはずだった盛り土が行われておらず、地下空間を造っていたことが日本共産党都議団の調査で発覚しました。その後、新市場の地下水からは環境基準を上回るベンゼンやヒ素が検出され、地下空間の大気中からは国の指針の7倍の水銀も見つかりました。

東京ガス豊洲工場では石炭から都市ガスを製造していました。その時に発生した有害物質が除去されずに、土壌と地下水が汚染され、大気中にも広がった可能性が濃厚です。

■都の対策破綻

ところが、小池百合子知事が9月に再発足させた専門家会議は、その原因をまともに調べもせず「分からない」としました。これは、ガス工場操業による汚染を小さく見せようとするものだと言わざるを得ません。

専門家会議はまた、地下水の水位と有害物質を監視するモニタリング調査結果について、「汚染はだんだん下がっていく傾向にある」としましたが、その根拠は薄弱です。

「地下水の水位を管理して、有害物質が盛り土に上がらないようにする」という都の土壌汚染対策は、水位が盛り土より下に下がっておらず破綻しています。現状は、盛り土が再汚染された危険性が高く、「いつ何どき高濃度の有害物質が出るか分からない」というのが正確な評価でしよう。

また、地下水の化学的な性質を見ると、ナトリウムイオンと塩化物イオンの濃度が高く、電気の通しやすさも水道水に比べて格段に高い。これは地下水に海水が混じり込んでいる疑いを示しており、今後しっかり検証する必要があります。

専門家会議の平田健正座長は「どうすれば豊洲を安全・安心な市場にできるか」と述べました。しかし、これまでの都の不備とごまかしに満ちた土壌汚染対策に対する検証と反省もなしに議論することは、非科学的で逆立ちした考えです。

「健康や環境に深刻な被害が出る恐れがある場合は、科学的な因果関係が十分に証明されていない時でも、予防的措置を取る」という予防原則の考え方に立つならば、有害物質に汚染された豊洲予定地は、生鮮食料品を扱う市場としてはそもそもふさわしくありません。

豊洲新市場への移転計画は中止すべきです。

共産党都議団と「しんぶん赤旗」は、豊洲予定地への移転問題が明らかになった当初から、チェック機能を発揮し一貫して追及してきました。今回の盛り土問題で、一般紙も「都政追及　共産が存在感」（「朝日」10月6日付都内版）などと報じましたが、共産党都議団と「赤旗」の姿勢には頭が下がる思いです。

これからも大いに頑張ってもらいたい。期待しています。

（「しんぶん赤旗」２０１６年11月07日付）

5章　築地移転計画を「しんぶん赤旗」はどう報じたのか

1　整備費6254億円に高騰

築地市場の豊洲移転計画をめぐって、「しんぶん赤旗」は東京都の動きや共産党都議団、業者・市民団体、研究者の活動を報道するとともに、都に情報開示請求を行い、幅広い関係者に独自取材を重ね、「食の安全・安心」を脅かす移転計画の問題点、隠された闇を追及してきました。

豊洲新市場の整備をめぐっては、土壌汚染対策費や建設費が大幅増加し、総整備費が当初計画（3926億円）より1・6倍も増大し、中央卸売市場が豊洲の整備費を調達するために発行した企業債（借金）の利息370億円を含めると、整備費総額が6254億円に膨れ上がる見通しを本紙16年10月1日付で報じました。

都は11年2月の試算で、新市場の整備費は用地費を含め総額3926億円と公表していました。ところが、建設費や土壌汚染対策費、基盤整備費が予想以上にかさんだため、13年1月の時点で4500億円に上方修正、その1年後の14年1月には5500億円に、15年3月時点では5

８８４億円に増大し続けてきたことを、本紙は独自取材をもとに報じてきました。

豊洲新市場整備費の推移（単位は億円）

項目	2011年2月	2016年10月
建設費	990	2,744
土壌汚染対策費	586	860
その他関連工事費	370	421
用地取得費	1,980	1,859
企業債利息	——	370
合計	3,926	6,254

16年10月に中央卸売市場が試算した資料によると、豊洲新市場の建設費は当初の９９０億円から２７４４億円（２・８倍）、土壌汚染対策費は当初の５８６億円から８６０億円（１・５倍）、関連工事費３７０億円から４２１億円（１・１倍）に増えた一方、用地取得費は１９８０億円から１８５９億円に減少しています。

都は土壌汚染対策費が増えた理由について、汚染土壌の処理量が当初の28万立方メートルから41・３万立方メートルに増えたことや、地下埋設物の撤去量が想定よりも増えたことなどに伴うものだとしています。

都は新市場の整備費を市場会計保有資金や国庫交付金、企業債の発行、築地市場跡地の売却などで調達するとしていますが、事業費が高騰したため財源不足に陥る可能性が高まっています。

２　市場会計は借金漬け

豊洲新市場の整備費が大きく膨らんだため、中央卸売市場は、財源不足を補うため企業債（借金）を相次いで発行し、借金漬け状態に陥っていることを本紙は15年10月1日付で報じました。

中央卸売市場管理部は本紙の取材に対し、「豊洲市場整備の財源としては、企業債（15年度までに３６０８億円）を発行し、市場会計の保有資金（６３０億円）、国庫交付金（１００億円余）のほか、築地市場跡地の売却収入などをあてる。保有資金が足りなくなれば、さらに企業債を発行していくことになる」と説明。しかし、築地跡地の処分方法は未定です。

市場側の説明をもとに本紙が試算すると、今後必要になる費用は、返済が必要な企業債残高を合わせると、５１００億円（利息返済分を除く）を超えます。築地市場跡地の売却収入で、整備費用がまかなえるのかどうか危惧されます。

都のある幹部は「築地の売却がうまく進まなければ、資金ショート（資金不足）する可能性もありうる」と言います。

共産党の尾崎あや子都議は、15年3月17日の経済・港湾委員会で、急増した整備費問題を取り上げ、財源不足になる恐れがあると警告していました。

■保有資金は激減、借金は激増

都中央卸売市場は、神田市場跡地の売却収入（約４５００億円）を大田市場の整備費などに充当してきました。豊洲新市場整備が進むにつれ、保有資金は減少の一途をたどっています。

市場会計の保有資金は06年度決算の２０３７億円から、15年度予算では６３０億円と約7割も減少。一方、豊洲新市場整備の企業債を相次いで発行したため、15年度の企業債の残高が保有資金の5倍以上という逆転現象が生じています。

中央卸売市場は、35年度まで借換債《かりかえさい》を含め企業債を追加発行する計画です。企業債を償還（元利返済）するために、また借換債を発行するという自転車操業が続きます。

都が土壌汚染地の東京ガス工場跡地に市場移転を強行しようとしていることに対し、市場関係者や消費者団体、都民の不信・批判は根強く残っています。

「守ろう！　築地市場パレード実行委員会」の中澤誠・東中労委員長は言います。

「実行委員会が15年3月に発表した築地市場の水産仲卸業者アンケート調査結果では、8割以上の人が都の土壌汚染対策を信用しておらず、『本心は築地で営業を継続したい』と答えています。豊洲の整備費の高騰で、市場業者の負担増につけ回しされることが心配。都は移転計画を凍結し、業者と都民に説明すべきです」

■石原元知事への損害賠償を求め住民が提訴

都が深刻な土壌汚染を知りながら、東京ガスから豊洲工場跡地を高価格で取得したことは違法だとして、石原慎太郎元知事に578億円の損害賠償請求をするよう都に求めた住民訴訟（12年5月に提訴）が、注目されています。

16年11月17日、東京地裁での口頭弁論後に非公開で行われた進行協議で、林俊之裁判長は被告

（都）側の釈明の論拠に疑問を呈し、〝広い方向で（都と東京ガスの交渉記録の）開示を積極的に検討してほしい〟と都に求めました。

原告側は、都と東京ガス側が交わした3件の合意・協定にかかわる交渉議事録の公開を要求しています。原告側は陳述で、「環境基準を大幅に超える汚染の存在が発覚した以降に、土壌汚染のない土地の価額で（東京ガスグループと）売買契約締結をしたことは違法だ」と強調。「適正な時価」で工場跡地を購入したとする都側の弁明には、何の根拠もないと指摘しました。また、「石原元知事の証人尋問は必須である」との意見書を提出しました。

都は11年3月、豊洲工場跡地の一部を約５７８億円で購入しましたが、土地取得価格は土壌汚染を考慮していませんでした。裁判で原告は、都が支出した土壌汚染対策費を差し引いた土地の適正価格は購入価格の16分の１（36億３９００万円）で、都財政に大損害を与えたと主張しています。土壌汚染にかかる費用は汚染原因者が負担する原則であるにもかかわらず、都が支出した土壌汚染対策費（８６０億円）のうち、東京ガスグループの負担額は78億円と１割弱にすぎません。

■住民訴訟の対応、石原元知事の責任追及へ

小池知事は17年1月20日、土壌汚染されている豊洲新市場用地の購入をめぐり、都が被告になっている住民訴訟の対応方針を転換し、都側の弁護団を全員解任すると表明しました。

小池知事は会見で、「土地購入契約の経過が不透明で、不適正ではないかと指摘されている」とし、「石原氏には損害賠償責任はない」としてきた従来の対応を見直す考えを表明しました。

都特別顧問の加毛《かも》修弁護士は同日の会見で、原告が申請した石原元知事の証人尋問に応じるのかとの質問に、「すべて見直しをする」とし、都が提出を拒んでいた東京ガスとの交渉記録文書なども「裁判に有利でも不利でも、裁判所に提出していく」と述べました。

小池百合子知事は2月3日の会見で、勝丸充啓弁護士（元広島高検検事長）を団長とする6人の新弁護団を公表しました。

石原氏の証人出廷について、「今後どのように対応されるかは石原氏の判断。（出廷して）明確にされるべきではないか」「逃げてしまっているという印象は、よくない」と述べました。

都の方針変更は、都が隠し続けてきた闇を明らかにするうえで、大きな転換と言えます。

2月9日、東京地裁で行われた口頭弁論には都側の新弁護団が出廷し、「これまでの方針を変更するかどうか準備ができていない」「主張を準備するのに2～3カ月かかる」と主張したにとどまりました。

これに対して原告側は「これまで非常識なほど時間が経過している」と述べました。

原告側は弁論後に会見し、「石原元知事の証人尋問は必須だ」（大城聡弁護士）と強調しました。

3　築地市場解体工事――都知事選さなかに発注

舛添要一前知事の辞職に伴う都知事選が行われていたさなかの16年7月22日、都は築地市場の豊洲新市場への移転計画を前提に、知事不在の中で築地市場の解体工事を発注していたことが明らかになりました。本紙が7月29日付で報じました。

都財務局によると、築地市場の解体工事入札は21日に行い、落札額は4件で計35億8300万円（消費税込み）。工事契約は22日に結び、工期は18年3月15日までの予定でした。

都中央卸売市場の野口一紀管理部長は、本紙の取材に対し「選挙中ではあるが、知事職務代理者（安藤立美副知事）のもとで進めている。いったん立ち止まるということは、事務方としてはできない」と説明しました。

移転計画の撤回を都に求めている「築地市場・有志の会」の和知幹夫さん（水産仲卸業）は「解体工事を発注したなんて、私たちには全く知らされていない。知事不在の中で、勝手に決めるとはひどすぎる」と怒ります。

「守ろう！　築地市場パレード実行委員会」の中澤誠氏は、「知事選では鳥越俊太郎候補（4野党統一）をはじめ複数の候補が開場計画の見直しを公言している。都が、私たちが2月に出した公開質問状への回答を拒否した上、新知事の判断を待たずに解体工事を発注したことは言語道断。工事契約は撤回すべきだ」と述べました。

舛添前知事は、築地市場の業務を16年11月2日で終了し、同7日を豊洲新市場の開場日と決定。7月の知事選で当選した小池百合子氏は、知事選のさなかに都が築地市場の解体工事を発注したことを批判し、8月31日、豊洲新市場の開業日の延期とともに、築地市場の解体工事についても延期すると発表しました。

4　築地市場用地の利用、森ビルにひそかに検討委託

築地市場（23ヘクタール）を廃止し、豊洲新市場に移転させる計画を策定した都が、大手不動産会社の森ビルに跡地利用の検討をひそかに委託していたことを、本紙は16年9月1日付でスクープしました。森ビルには都の局長級ＯＢ３人が天下りしていたことも明らかにし、都と大手不動産会社との癒着が表面化しました。

都は調査委託した築地跡地処分にかかわる報告書を公表していません。本紙は、森ビルに委託してまとめさせた「報告書」があるとの情報をもとに、都に情報開示請求を行い、森ビルの「築地市場移転後の用地開発に係る調査委託報告書」（12年3月）を入手しました。

森ビルの報告書は、築地市場跡地をオフィス中心型、複合型、住宅中心型を柱に九つの案を提案。具体的内容や、都が負担する基盤整備費の試算などは非開示で、黒塗りだらけでした。報告

書は、すべてオフィスビル街にした場合、オフィス床の供給量は約90万平方㍍で、都心3区で16～20年の5年間に増える総床面積に匹敵すると試算しています。

■都局長OB3人、森ビルに天下り

一方、本紙の調査で、都の元技監や都市整備局の局長級OB3人が、08年から13年の間に森ビルに天下りしていたことがわかりました。都幹部OB名簿によると、3氏の森ビルでの役職は、特別顧問や顧問です。

「臨海部の環境とまちづくりを考える中央区の会」の田辺七郎会長は「築地市場跡地の開発構想の検討を、森ビルに委託したことは大問題です。中央区では再開発が相次ぎ、保育園待機児が急増し住環境が悪化しています。これ以上、高層オフィスビルやマンションを林立させることを、区民は望んでいません」と語りました。

■築地再開発は白紙に戻せ

築地市場の移転方針は石原元知事が01年に強引に決定。都はこれまで豊洲新市場の整備に5884億円（起債の利息を除く）を投じてきました。豊洲新市場の整備費が大幅に膨れ上がったことから、都は財源不足を穴埋めするため築地市場用地の売却を検討しています。しかし、築地市場用地をすべて売却しても、整備費をまかなえるのかは疑問です。

都の幹部は「築地市場を移転しても、跡地は当面は駐車場などに使うだけで、本格的な土地処分は20年東京五輪以降になる。民間企業がいろいろ跡地再開発に割り込もうとしている」と言います。都は、中央区晴海に20年東京五輪の選手村を計画、大手デベロッパー11社グループに都有地を1平方㍍あたり9万6000円余と時価の10分の1の値段で売却し、24年度までに計23棟・約5650戸のマンションを建設させる計画です。築地市場跡地にもマンションが林立すれば、過剰供給問題に拍車をかけることになります。

5　地下空間、事前にゼネコンに相談していた

豊洲新市場施設の地下に盛り土をせず、巨大地下空間をつくった問題で、都中央卸売市場が10年近く前に、当初から盛り土をしないで汚染対策が必要になったときに建設機械を空間に運び込むことをゼネコン側に相談していたことを、本紙は16年9月21日付でスクープしました。

市場施設の建設工事を受注したゼネコン関係者が、本紙に証言しました。関係者は「都の担当者から、市場施設の地下につくる空洞に建設機械を入れることができるのかとアドバイスを求められた。私は、高さが4〜5㍍程度あれば小型ユンボ（油圧ショベル）なら分解して空洞の中に持ち込み、組み立てて作業ができると説明した」と話しました。都の担当者が相談してきた理由について、関係者は「汚染物質が施設の地下に上がってきたときに、床を壊して地下の土壌を掘

り返して作業するのは大変だから、空洞をつくろうと考えていたのだと思う」と述べました。

都中央卸売市場の担当課長は、本紙の取材に「すごい話ですね」と感想を述べたものの、事実については「経緯を確認中なので、今はお答えできない」と語りました。

その後、小池知事の指示を受けて都が9月に作成した「自己検証報告書」では、08〜09年にかけて作成したとするイメージ図に地下空間に小型ユンボが描かれ、都はその図を11年2月に日建設計に示したとしています。

6　「千客万来」——場外観光施設も難航

東京都は築地市場を廃止し、豊洲に移転する計画と並行して、豊洲新市場の敷地に場外観光施設を誘致する計画をたてています。

観光施設の名称は「千客万来」（敷地1・7ヘクタール）。築地と違って豊洲は交通の便が悪いうえ商業施設も少ないことから、客寄せの場外施設として、民間運営会社を呼び込むもくろみです。

当初計画は、青果売場棟の5街区と、水産仲卸売場棟の6街区に2棟を建設し、16年11月に新市場と同時開業する計画でした。

都は14年、すしチェーン「すしざんまい」を運営する喜代村と大和ハウス工業の2社を選定。土地を30年間貸し付け、計40億円の賃料収入をあてこんでいました。

しかし、進出予定企業が渋っていることを本紙がつかみ、着工の見通しが立たないことを15年1月9日付で報じました。その後、2社は同年4月までに進出の辞退を都に通告しました。表向きの辞退理由は、施設利用客と物資搬入車両の安全性が確保できない、計画していた温浴施設の見通しがたたない――などでした。

ある企業の関係者は、「都の千客万来の進出企業公募には、三菱地所も応募したが、採算が取れないとの理由で途中で辞退している」と語りました。

15年4月29日に喜代村の木村清社長が会見し、千客万来事業から撤退した理由を説明しました。木村氏は、臨海副都心の遊休地に東京都が都有地を暫定貸し付け（おおむね10年間）している「大江戸温泉物語」の貸付期限が15年末までだったので、千客万来に温浴施設を計画したと説明。しかし、「（都から）事前相談もなく、（貸付期限が）21年まで契約が延長された」と不信感をあらわにし、臨海部エリアで温浴施設が競合すれば事業が成り立たないと抗議しました。

当初の計画が挫折したため、都は15年9月、6街区にしぼって千客万来施設の運営事業者の再募集要項を発表。▽土地の貸付期間を当初の30年間から50年間に延長▽土地の年間貸付料を大幅に値下げする――などと譲歩しました。

都は16年3月、「チーム豊洲江戸前市場」（運営企業・万葉倶楽部）を選定。飲食・物販施設や24時間営業の温泉・ホテルを19年8月までに開業し、年間来場者193万人を見込み、土地の年間賃料は8652万円。しかし、豊洲新市場の開場計画が延期されたことに伴い、同グループは施設建設工事の先送りを決定しました。

7　工事受注会社が都議会豊洲問題特別委員長に献金

都議会は16年10月、豊洲市場移転問題特別委員会を設置し、自民党の山崎一輝都議（江東区選出）が委員長に就任しました。

本紙は16年11月25日付で、山崎氏の政治団体が、豊洲新市場工事や築地市場解体工事を受注したゼネコンなど3社から、10～15年の6年間に計２１７万円の献金を受けていたことを報じました。豊洲新市場の工事入札をめぐって、落札率が99％以上と異常に高く談合疑惑が問題になっているさなかの癒着疑惑の発覚です。

山崎氏が代表をしている自民党東京都江東区第三十三支部は、豊洲新市場青果棟工事を14年に受注したＴＳＵＣＨＩＹＡ（東京本社・江東区）から6年間に計36万円、青果棟工事と5街区の土壌汚染対策工事を11年に受注した新日本工業（本社・江東区）から計81万円の献金をうけました。また、築地市場の水産仲卸売場棟の解体工事を受注（16年7月）した有明興業（本社・江東区）から計１００万８０００円の献金を受けていました。

3社はいずれも建設共同企業体（ＪＶ）の一員として工事を受注していました。

本紙は山崎都議の事務所に▽３社との関係と、なぜ寄付を受けているのか▽政治資金パーティー券の購入依頼の有無▽3社から相談・依頼を受けたことがあるのか▽豊洲市場移転問題特別委員長が関係局の工事受注企業から献金を受けていることについて、どう思うのか――などについて質問状を送付。3社に対しても同様の質問状を送付しました。

ＴＳＵＣＨＩＹＡの経営企画室は、公共工事受注企業への政治献金について、「江東区内の企業として、それなりのお付き合いをさせていただいている」と回答。政治資金パーティーの会費支出や会費支出に関する社内基準の有無については、「回答は控えさせていただきます」としています。有明興業の総務部は「自民党の政治活動に対する支援として、法令に基づき政党支部に少額ながら寄付をしている」と説明。築地市場の解体工事については「弊社はＪＶの3番手であり、入札価格の算定に関与しておりません。この件で政治家に依頼をしたことはございません」としています。一方、山崎事務所と、新日本工業総務部は回答を拒否しました。

東京市民オンブズマンの清水勉弁護士は言います。

「豊洲新市場建設工事の落札率が99・9％というのは、談合の疑いが濃厚で、刑事事件になってもおかしくない案件だ。都議会は、豊洲新市場の整備費の高騰や談合疑惑問題でも、徹底的に解明をはかる責任がある。豊洲移転問題を審議する特別委員会の委員長がこともあろうに、新市場建設工事や築地市場の解体工事の受注企業から献金を受けていたことは、大問題だ。山崎都議は、委員長として、自身の問題を含めて豊洲問題を徹底解明するのか、疑惑を解明できないのであれば委員長を辞めるか、どちらかの選択肢しかないはずだ」

▽インタビュー②

「築地」の魅力を全てなくす豊洲新市場の見直しを

――建築エコノミスト・森山高至さんに聞く

東京都が計画している築地市場の豊洲移転を、計画通り進めるのか、それとも延期して抜本的に再検討するのか、大問題になっています。建築エコノミストの森山高至さんに聞きました。

（聞き手　岡部裕三）

――新国立競技場に続いて、築地市場移転問題でも厳しい意見を発信していますね。

新国立競技場と豊洲新市場の問題は、いずれも同根だと思います。開発が競技者、市場関係者など当事者の都合ではないところから始まり、混迷しているからです。

都民は当初、築地市場が豊洲にそのまま移る計画なので、それほど問題はないと思っていたはずです。ところが豊洲新市場のハコ（建物）を見ると、築地のもっている魅力が全部なくなることがわかってきた。

築地市場の豊洲移転ではなくて、築地市場を閉鎖し、新しい市場を設置する計画自体が大問題なのです。

■施設に欠陥

築地には、日本中の漁港から卸がいろんな種類の魚をたくさん仕入れて、仲卸がセリ落として、その店舗に買い出し人、小売店、レストランなどが魚を買うという、日本の魚食文化を支える仕組みがあった。

世界的に魅力的な場所として有名になったのは、プロの技を垣間見られることと、場外市場を含めて一般の人が食事ができる店や、お土産の店がつながっているからです。

――豊洲新市場では、築地市場の魅力をなくすものだと――。

豊洲新市場は、築地と違って建物が道路で分断され、水産卸、水産仲卸、青果の三つに分かれるというプランニング自体に問題があります。

豊洲は築地よりも広いといっていたけれど、道路で分断されてひとつひとつの区画は狭い。大量の荷が行きかう6街区（水産仲卸）と7街区（水産卸）を結ぶアンダーパス（地下の通路）が4本しかなく、しかも狭い。築地と比べて駐車場の収容容量も不足しています。

市場業者からは、売り場の店舗が狭くなってマグロをさばけない、使い勝手が悪い、床に海水を流せなくなる、床の耐荷重が不足するなど批判が噴出しています。

市場業者や都民から出されているさまざまな疑問に、東京都と市場を設計した日建設計は、きちんと説明すべきです。

実施設計と、建築確認を申請する際の構造設計図を見ると、構造設計の基礎形状について勘違いをしている点があると思われます。第三者で検証してもらいたいですね。

■市場に不適

――豊洲市場用地は高濃度の有害物質で土壌汚染されていました。

東京都は、資産評価が難しい東京ガスの工場跡地を高く買い取って東京ガスを喜ばせ、そこに公共施設（市場）をもってくるという出発点が間違っていた。それで一番困っているのが、築地市場で働いている人たちです。豊洲は生鮮食品の市場としては施設も土地もまったく適していません。

――小池知事は、近く豊洲移転問題の結論を出すといっています。

11月7日の開場計画は、物理的にも無理な状況です。延期して根本から見直せばいいのです。都が整備した売り場棟の建物の完成は5月末にずれ込みました。そのため仲卸棟の店舗工事の着工も大幅に遅れているからです。

■築地存続を

築地市場は廃止せずに正常運転して段階的に改築し、営業しながら施工すればいいのです。多くの人が歩き交っている新宿駅や渋谷駅の改修ができるのですから。日本のゼネコンの得意分野ですよ。

仲卸業者からは「豊洲に移っても売り上げが築地のようには見込めない」「豊洲の設備投資1000万円が無駄になっても築地で商売を続けたい」という声が出されています。

――できあがった豊洲市場の施設はどうしたらいいでしょうか。

豊洲の建物は、商業モールとか映画館、イベントホール、コミックマーケットなど、他の用途に転用が可能な汎用性のあるハコなんです。都民からアイデアを集めて、活用方法を検討してはどうでしょうか。

（「しんぶん赤旗」2016年8月25日付掲載）

6章　見直しへ動かした市民団体の粘り強い運動

1　市場で働く人たちが声を上げた

豊洲新市場計画を見直しへと動かしたのは、築地市場の仲卸業者や市場労働者、そして市民たちの粘り強い運動でした。

運動が本格化し始めたのが２００６年。都が築地での再整備を求めてきた多くの市場関係者や中央区などの反対を押し切り、東京ガス豊洲工場跡地への移転を決定して5年後でした。初めに声を上げたのは市場で働く労働者たち、そして仲卸業者でした。

■あきらめていたが……

築地市場労働者でつくる全労連・東京中央市場労働組合（東中労）の中澤誠委員長は当時をふり返ります。

「市場内で移転計画に賛成している人はいない。一方で『移転はもう決まった』というあきらめが広がっていた」

新市場予定地はすでに、ベンゼンやシアン、ヒ素、六価クロムなどの有害物質による土壌汚染が発覚していました。「生鮮食料市場の土壌汚染地への移転はあり得ない。こんな計画はうまくいくはずがない」。東中労は移転計画と汚染の実態を知らせ、計画の見直しを求める「東中労ニュース」を発行し、市場内の一軒一軒すべてに手配りしました。

「東中労のニュース読んだか」「その通りだよ」。配布した翌日、築地市場のセリ場は東中労ニュースでもちきりになっていました。「おかしいと感じながらも、みんな言葉にできなかっただけだ」。中澤さんたちは自らの思いに確信を抱きました。その後、新事実を次々と突き止め、ニュースを発行し続けました。

同じころ、移転計画に疑問をもつ仲卸業者ら数人が集まり「市場を考える会」を発足させました。5月の初集会に集まったのは十数人。しかし回を重ねるごとに70人、150人と増えていきました。

「移転計画の問題を世間に知らせよう」。「市場を考える会」が呼びかけ、東中労も加わった初のデモが06年10月11日に行われました。市場関係者ら1000人以上が参加しました。ねじり鉢巻き、長靴姿の魚河岸の人々が「土壌汚染地に魚市場をつくるな!」「絶対反対」「都民をばかにするな」というプラカードを掲げ、東京・銀座の街を「都民の台所を守ろう」と声をあげ歩く光景は圧巻でした。

「市場を考える会」の山崎治雄代表は「このまま黙っていたら、土壌汚染の危険について消費者も知らないうちに移転が進んでしまう」と語りました。デモはその後も続きました。中澤さんは「こうした運動が土壌汚染の調査・対策を検討する専門家会議の設置、そして4万3000倍のベンゼン検出という新たな汚染事実の発表にもつながった」と言います。

そして仲卸業者らは計画見直しを求め、各々が都や国との話し合いに臨みました。「なぜ、わざわざ日本最大の汚染地へ移転するのか」「築地での再整備はできないのか」。しかし交渉は難航。都側は業者らの意見に一切耳を貸さず、計画を強行する姿勢を崩しませんでした。

■市民団体へも呼びかけ

「もう、市民に訴えるしかない」。中澤さんたちは、それまでつながりのなかった市民団体に、政治的な主義主張を問わずに参加を呼びかけました。そして呼びかけに賛同した10団体で「守ろう！　築地市場パレード実行委員会」を13年8月に結成しました。参加団体は、日本消費者連盟、臨海部開発問題を考える都民連絡会、新日本婦人の会東京都本部、婦人民主クラブ東京都支部協議会、農民運動全国連合会、全農協労連、東京地方労働組合評議会、千代田区労協、東中労、全労連・全国一般東京地本（事務局）です。

日本消費者連盟の纐纈《こうけつ》美千世事務局長は「初めて会う築地市場の方から『消費者の側からも声をあげてほしい』と誘っていただき『ぜひ』と参加しました。築地市場は首都圏のみならず日本の生鮮食品流通の多くを担う市場です。汚染が確認された土地への移転はあり得ません。そこで働く労働者の健康も脅かされる。計画は中止にするべきです」と話します。同連盟は機関誌『消費者レポート』でもたびたび移転計画や土壌汚染について取り上げてきました。

「守ろう！　築地市場パレード実行委員会」は、デモやシンポジウム、宣伝、署名、行政との交渉を続けるとともに、それぞれの団体も独自の取り組みをつづけました。

新日本婦人の会東京都本部は計画見直しなどを求める都議会への陳情・要請署名を4回も重ねました。中央区の支部は築地市場前の交差点で毎月、署名・宣伝に取り組み、国内はもちろん世界各国から訪れる大勢の観光客に「世界に誇る築地ブランドを守ろう」と訴え続けました。

その間も次々と明らかになる新たな汚染と都の調査の怠慢。しかし、都はまるで何の問題もないかのように、新市場整備工事を着々と進めました。

15年秋。16年11月7日の新市場開場予定日を1年後に控え、新市場移転を予定している仲卸業者らへの新市場内覧が始まりました。

「豊洲新市場を見学にいった仲間がみんな『狭すぎる』『あまりにもひどい』って、心底がっかりして帰ってきた」（中澤さん）

新市場施設のお目見えとともに、以前から懸念されていた新市場設備の欠陥が次々と現実のものとなりました。さらに仲卸業者で「平均１０００万円」といわれる移転費用などの問題もあり、移転推進派からも一気に不満が噴出しました。

■舛添知事に公開質問状

こうした事態をうけ「守ろう！　築地市場パレード実行委員会」は16年2月22日、舛添要一知事あてに33項目の公開質問状を提出しました。

質問状は▽約700区画中333区画で土壌汚染調査をしないまま市場を開場するのか▽新市場の隣接海域で取り入れる海水から汚染物質が検出されたらどうするのか▽売り場棟の床はターレット運搬車や活魚水槽などの重量に耐えられない可能性があるが、設計ミスではないのか▽新市場への貧弱な交通アクセスをどう解決するのか▽移転に応じない業者が出た場合はどうするのか――など。「都は質問に答えられなければ、移転スケジュールを延期すべきだ」と迫りました。

そして「市場を考える会」を解散した仲卸業者の社長らも再奮起。「築地市場・有志の会」（代表呼びかけ人＝和知幹夫さんら6人）を結成し、本格的に動き始めました。

4月18日、「守ろう！　築地市場パレード実行委員会」と「築地市場・有志の会」は、築地市場内の約600の仲卸業者を対象に行ったアンケート結果を公表しました。

244業者が回答。結果は移転計画への不安や懸念が全く払拭されていないことを如実に示しました。

「食の安心・安全にかかわることであり、土壌汚染問題が解決するまでは移転を凍結すべき」だとの声が79％にも上りました。「新市場を計画通り開場してほしい」という業者は5％、「建物ができており、移転はやむを得ない」は9％にとどまりました。

「どちらで営業したいですか」の問いには、「築地」が83％、「豊洲」は4％でした。両団体はこの結果を受け、舛添知事に計画の撤回を求めました。

「築地市場・有志の会」は、市場内の仲卸業者を一軒一軒回り、開場スケジュールの撤回を求める署名も集めました。署名は仲卸業者の過半数の319人にも上り、同会は6月29日、集めた署名を手に森山裕農水相へ要請しました。

要請書は、新市場は食の安全・安心にかかわる都の土壌汚染対策の偽装問題、貧弱な交通アクセス、物流、施設・店舗や床の耐荷重設計など問題が山積していると指摘。▽開場スケジュールを撤回し、都の認可申請に応じない▽市場関係者や消費者など開かれた場で十分な説明を行うよう、都を指導する――よう求めました。

さらに同会は、都の岸本良一・中央卸売市場長に対し、移転スケジュールが「築地市場関係者の合意を得たものではなく大混乱している」と批判。開場スケジュールの撤回と、マスコミ・消費者にも開かれた説明会の開催を要請しました。

しだいに新市場開場を疑問視するマスコミ報道も目立ち始めました。

8月5日、「新市場建物内の大気中に、発がん物質のベンゼンが検出されていた」という本紙報道が世論に追い打ちをかけました。本紙はこう報じました。

新市場施設内での空気中の汚染物質の測定は、16年4月から5月にかけて都が実施。6月28日の「土壌汚染対策工事と地下水管理に関する協議会」に報告していました。

調査結果によると、ベンゼンは青果棟2カ所で1立方メートルあたり0・0019ミリグラム、水産仲卸棟で最高0・0012ミリグラム、水産卸棟で同0・0006ミリグラムを検出。青果棟の濃度は、環境基準（同0・003ミリグラム）の6割余に相当します。

専門家は「土壌と地下水の中に大量の汚染物質が残り、それが室内に入ったとしか考えられない。低気圧や気温が高くなれば、ベンゼンの蒸発量は増えるはず」「市場で働く人は長期的に有毒ガスを吸入することになり、健康が心配だ」と指摘します。


本紙のこの記事コピーが大量に築地市場内に配られ、激震が走りました。

都中央卸売市場は7月27日にホームページに掲載したばかりの「豊洲市場に関するさまざまな疑問にお答えします！」（9問9答）を、8月5日に急きょ更新。「豊洲市場の建物内で、ベンゼンが検出されているが大丈夫なのか」の問答を付け加えました。この中で「ベンゼンは、タバコやガソリン中にも含まれており、自動車からも排出される」とし、国のベンゼンの環境基準は「十分に安全を見込んで設定された」と説明、不安の払拭に躍起になりました。

この回答について日本環境学会の畑明郎《あきお》元会長は「回答になっていない。5・6街区と、7街区のベンゼン濃度の差が大きいのはおかしい。地下の汚染土壌や地下水からベンゼンが蒸発し汚染されたとしか考えられない。都は11月の開場計画を延期して、綿密に汚染物質の測定・分析を行い、十分な安全対策を講じる責任がある」と批判しました。もはや隠しようもなくなった、新市場予定地の土壌汚染とさまざまな対策と設備の欠陥。「移転は無理だ」という声が広がるなか、小池百合子知事が8月1日に就任しました。

小池氏就任直後の8月10日、「築地市場・有志の会」と「守ろう！　築地市場パレード実行委員会」は新市場の開場延期を小池知事へ要請。小池知事が初めて築地市場を視察した8月16日には、「移転延期は避けられない」として延期に伴う対策も含めた政策提言書を小池氏へ手渡しました。

8月31日、小池知事は「安全性」「費用の増大」「情報公開」という疑問点が解消されていないとして開場延期を発表しました。

■地下空間発覚

そして9月12日、共産党都議団の「建物下に盛り土がなかった」という記者会見を契機に、「移転は無理」との世論がわき起こりました。東中労のもとには新聞、テレビ、雑誌をはじめ海外メディアまでもが連日取材に訪れました。

「築地市場・有志の会」と「守ろう！　築地市場パレード実行委員会」は10月20日、「多くの関係者、消費者と東京都行政の間には最低限の信頼すら失われている」として、一日も早い移転計画の白紙撤回・中止、そして移転延期で生じている問題への補償などを求める要請書を小池氏へ提出しました。

中澤さんは言います。

「本当は建物ができる前に計画を中止させたかったが、開場前にここまで追い込むことができた。こんな無謀な計画はどうやってもうまくいくはずがない。移転は中止しかない」

「築地市場・有志の会」発足時からのメンバーで、築地市場でマグロを扱い60年以上の野末誠さん（まぐろマイスター）は「築地市場を守るたたかいは日本の食文化、さらにいえば日本を守るたたかいだ」と話します。

失墜した「食の安全」への信頼は豊洲新市場では取り戻せないと言い切ります。そして1935年の開業以来、職人一人ひとりが築き上げ、伝え続けてきた「築地ブランド」の灯も消えると言います。

「築地市場は日本の魚食文化発祥の地。〝生の魚はうまい〟ことを世界に知らしめ、広めたのが築地です。『食』という字は人を良くすると書く。『企』という字は人が止まると書く。都のやったことはまさに企てであり、食文化を滅ぼす犯罪です」

2　移転推進派の苦悩

深刻な土壌汚染、市場施設・設備の欠陥などが次々と明らかになるなか、移転推進派からも苦悩と批判の声が上がり始めました。

「都の責任で（土壌汚染対策の）安全宣言はされるのか、されないのか」。移転賛成派のリーダー、伊藤裕康氏（東京都水産物卸売業者協会会長）は14年2月24日に開かれた土壌汚染対策工事と地下水管理に関する協議会で都に迫りました。

伊藤氏の質問に対し、建設工事を急ごうとしている都中央卸売市場側は明確な説明を避け、市場業界で大きな話題になりました。

同年5月、本紙のインタビューに伊藤氏は開口一番、「市場は消費者に対して、安心・安全な食材を安定供給する責任があります。（新市場に）行く前には当然、安全宣言をしてもらいたい。（都は）責任をとるのがいやなんですかね」と不満を口にしました。

伊藤氏は、新市場の設計についても「かなり使いづらい構造になっています」と指摘しました。

新市場は青果棟、水産卸棟、水産仲卸棟の建物が大きな幹線道路で分断され、しかも各建物は閉鎖型で重層構造のため、買い回りする業者にとっては非効率的です。築地で使っているターレット運搬車も使えなくなる可能性があり、物流経費の増大は避けられないと言います。

「最初は、都はどういう新市場をつくるのかを業者も加わって検討しました。途中から三つの業界団体の陣取り合戦になって、自分たちの都合を優先した設計ができた」「私は何回も都に申し上げたんです。考え直す余地がありますよと。しかし、都は聞き入れてくれなかった」

活魚のタンク、冷凍マグロの解凍などで大量に使う「ろ過海水」（海水をくみ上げ浄化する設備）も問題だと言います。築地では都が維持管理をしていますが、豊洲では業者任せにする方針です。伊藤氏は「せめて水質の安全検査は都でやってもらいたい。もし魚が細菌に汚染されたらどうするのですか」と語りました。

■「これ以上の負担には耐えられない」

水産仲卸業者でつくる東京魚市場卸協同組合（東卸）も「これ以上の負担には耐えられない」として15年11月2日、支援を都に要望しました。

東卸の伊藤淳一理事長は本紙のインタビュー（15年11月19日付）に答えました。

「東卸は零細業者の集まりで、６０５組合員（15年11月1日現在）のうち、豊洲には約５５０組合員が移転する見込みです。もともとは移転反対団体でした。組合員は現在も（移転に）不満を持っているので、意見・要望をまとめて、みなさんを連れていくことは大変です。できるだけ負担を軽くしたいとかなりのエネルギーを使っています」と苦悩を打ち明ける伊藤氏。

豊洲に移転するためには、引っ越し、建物や冷蔵庫・ダンベ（鮮魚の保存・運搬箱）・ストッカーなどの解体と廃棄処理、原状回復が必要で「多額の費用がかかる」と懸念します。

さらに、新市場の使用料の基準は築地市場と同じであるものの、店舗の面積増に伴う負担増のうえ、新たに地域冷暖房設備の使用料負担が加わります。

「以前、都の幹部が、豊洲に移転後、5年くらいは使用料を値上げしないと話していました。それ以降は上げるのでしょうか。市場使用料が値上げされれば、零細業者への影響は大きくなります。築地市場業界は、取扱数量の減少に伴う経営の悪化が進んでいます。豊洲に移転する際に東京都に経営改善支援策を進めてもらわなければ、市場業者の営業はさらに困難になる」

土壌汚染についても組合員の不安は払拭されていません。

「組合員からは都が土壌汚染対策を行ったが、東京直下地震が起きたら汚染物質が拡散するのではという不安も寄せられています。都は地下水のモニタリング（監視）をきちんと実施してほしい」と語りました。

3　買い出し人の怒り心頭

街の魚屋、定食屋に弁当屋……。築地市場の豊洲への移転計画は、築地で仕入れた食材を消費者に提供する「買い出し人」と呼ばれる小売店や飲食店も混乱にまき込んでいます。

■「買う方もすごく不安」

「豊洲で売る方も不安でしょうけれど、買う方もすごく不安」

中央区の弁当屋「はなちゃん」のおかみさんは不安を隠せません。

店の看板メニューの一つは海鮮丼です。築地で仕入れた4種の海産物がのって600円。昼頃には完売します。

「魚を扱う店では『築地で仕入れた』は誇り。『豊洲で仕入れた』といって喜ぶ客がいるのか」と怒りをあらわにします。「『築地で仕入れられないのならば』と商売をやめた仲間もいます。もう気の毒でしょうがない」と話します。買い出し人は個人経営者も多く「築地が私たちのような小さな店を支えてきた。（移転計画は）絶対に反対。困っている人、反対している人は大勢います」と言います。

築地市場が扱う水産物は約480種類、青果物は約270種。水産物の取扱量は世界最大級です。「全国の魚がそろう」とレストランや給食業者、スーパーなども買い出しに訪れ、海外の寿司店からも注文がきます。

世田谷区で魚屋「小島水産」を50年間営む小島忠夫さん（75）は「魚屋はみんな困ってるよ。お客さんからも『安心して魚を買えなくなる』といわれているよ」と嘆きます。

豊島区で鮮魚店を営む田中真さん（67）＝仮名＝は、築地で仕入れた魚を小売りするとともに、加工して小中学校へ給食用として配達しています。「子どもに食べさせていいのか。お客さんが買ってくれるのか」と声を落とします。「第五福竜丸を思い出す」という田中さん。1954年、米国が太平洋ビキニ環礁で行った水爆実験で、マグロ漁船・第五福竜丸が「死の灰」を浴び、築地にも汚染マグロが送られました。魚全体の売れ行きが激減。市場機能はストップしました。「風評被害も心配だが、実際に魚が汚染されたら取り返しがつかない」。

■使い勝手は?

田中さんは、豊洲新市場の「使い勝手」も問題視します。平屋の築地と異なり、豊洲の水産仲卸売場棟は5階建てです。買い出し人用駐車場は4階、売り場は1階です。「忙しいときは大混雑だろうね。末端の買い出し人の意見なんかまったく無視した計画だよ」。

ベンゼン、シアン、ヒ素、水銀……。次々と検出される有害物質に、移転推進派からも不安の声があがっています。築地市場を利用している鮮魚店の組合・東京魚商業協同組合の元幹部は言います。

「『汚染地だけど大丈夫か』という声は当初からあったけれど、『安全対策は万全です』という都を信用していた。しかしこれだけ次々出てくると不安ですよ。食の安全・安心の確保なしには移転は進められません」

▽インタビュー③

食の安全と流通を破壊する豊洲移転

――農民運動全国連合会常任委員・齋藤敏之さん

命と健康よりも、もうけのため。築地市場の豊洲移転計画をみていてつくづく感じます。私たち農民連は、全国4万の農漁業の生産者でつくる団体です。「安全・安心な食べ物を」と、消費者とも手をつないだ運動をつづけています。

豊洲新市場計画の一番の懸念は、やはり土壌汚染です。都は環境基準を上回る「汚染物質はすべて取り除いた」といっていますが、実際には汚染物質を地中に残したままで、いまだに地下水や建物内の空気中からは基準を超える有毒物質が出続けています。魚や野菜を大量に扱う〝日本の台所〟としてはあまりにも不適切な場所です。

もう一つの懸念は、卸売市場の機能破壊です。築地市場は「日本の食文化を支えてきた」といっても過言ではありません。

市場機能の中心を担うのが仲卸です。仲卸業者は全国各地から入荷する新鮮で多彩な食材の品質を評価し、セリ（競り）で落とし、小分けにしたものを飲食店や小売店に販売します。マグロ専門、ハマグリ専門など皆その道のプロ。仲卸業者の良い物を見定める〝目利き〟によって小売店は安心して食材を仕入れ、消費者に提供することができるのです。まさに〝生産者と消費者がつながる場所〟が卸売市場です。

大手量販店では産地から食材を直接仕入れて自ら加工する形態が広がっています。消費者にとっては〝どんな食材か〟が見えにくくなります。大企業から言われるままに食を受け入れざるを得なくなります。

国はこの間、大手量販店などの要求にこたえ、卸売市場の規制緩和を進めてきました。セリ原則の緩和、商物一致原則の廃止、買い付け集荷の「自由化」。こうした一連の措置は厳しい経営状況にある産地業者、中小小売・飲食業の淘汰《とうた》に拍車をかけています。

築地市場の仲卸業者はほとんどが中小零細企業です。豊洲新市場計画の設計には、業者から「自分たちの意見を聞き入れていない」「使い勝手が悪すぎる」と猛烈な批判をあびています。業者のことは考えていないのです。

豊洲新市場計画は単なる移転ではなく〝大企業のための大規模物流センターの建設〟であることは都の卸売市場整備計画からも明らかです。同計画は豊洲新市場を「首都圏における生鮮食料品流通の中核を担う拠点」と位置付けています。市場というより大型産地や輸入商社からの大量の食材を効率よく配送するための施設です。まさにTPPによる輸入食材の拡大路線と一致しています。移転計画は「食の安全」を脅かすだけでなく「日本の食文化」を支えてきた「食の流通」を破壊するものであり、抜本的に見直すしかありません。（聞き手　芦川章子）

▽インタビュー④

私たちの食と環境を守りたい

――新日本婦人の会東京都本部・岡林奈緒子さん

新婦人東京都本部は「食と環境の安全を守りたい」と10年間、築地市場の豊洲移転計画に反対の運動を続けています。「守ろう！　築地市場パレード実行委員会」に結成時から参加し、消費者団体やＴＰＰ反対でつながった人たちにもよびかけ、運動を広げてきました。移転計画の見直しや豊洲市場の地下水調査の公表などを求め、都議会への請願・陳情署名を４回重ねました。

築地市場の地元支部では毎月、築地の交差点で署名宣伝を行っています。パレードや学習会も続けており、豊洲市場が更地のころから見学を重ね、都の説明会にも参加し経過を見続けてきました。東京ガス操業時に勤めていた方の「敷地内に穴を掘ってタールなどを埋め捨てた。その時はまさかここに市場をつくるなんて考えたこともなかった」という話に参加者は震撼しました。

住環境の問題も重大です。江東区の豊洲市場周辺は高層マンションの建設ラッシュで、小学校が新たに開校するほど子育て世代が急増しています。

卸売市場は24時間トラックの出入りがあり排ガスも激増します。そこへ土壌汚染の問題もあり、住民の間には「私たちの住む地域はどうなるのか」「区に何度確認しても『都が安全だというから安全だ』という説明しかしない。ちゃんと説明し対策をしてほしい」と、不安と怒りが充満しています。市場移転いかんにかかわらず、都の責任で汚染を除去し、納得できる説明をしてもらわなければ安心できません。

築地市場移転は都民の気持ちを無視して進めた計画です。虚偽の説明をしてきた都は大変罪深いです。

同時に、計画を進めてきた都議会の自民党・公明党・民進党などの責任は免れません。私たちの請願に賛同してくれたのは日本共産党だけ。16年9月都議会に出した陳情署名が初めて継続審議となりました。

都議会では、汚染対策が不十分だという日本共産党の質問に「安全だって言ってるだろ！」と口汚いヤジをくり返した自公議員。都民から負託をされた議員として自分たちの責任をどう考えているか。怒りと不信感がいっぱいです。

市民の運動がここまで事態を動かしました。私たちはこれからも食と環境を守るため、築地市場の移転を中止し、現在地で再整備を求める運動を広げていきます。（聞き手　芦川章子）

7章　移転計画　抜本的見直しを

1　豊洲移転に観光業者「魅力ない」と懸念

日本の食文化を支え続け世界的な観光スポットとしても知られる築地市場を、豊洲に移転する東京都の計画に対し、観光業者から「観光スポットとしての魅力が湧かない」「土壌汚染のイメージ」と否定的な意見が寄せられていたことを、本紙は16年5月10日付で報じました。

本紙は都に情報開示請求を行い、不動産鑑定業者に委託した「築地地区の賑わい実態等調査及び既存施設活用の分析等調査業務報告書」（13年3月）を入手しました。調査目的は、市場移転後も築地地区の「食文化の拠点」としてのにぎわいを継承するためとしています。

報告書は、築地市場と400店舗を超える場外市場について「築地ブランド」として確立されており、「世界的にも認知された東京の観光スポット」であると記述しています。

観光業7社に行ったヒアリング調査では、豊洲新市場は「観光客向けの市場となると、先細り感がでてくる」との意見や、築地は「場内あっての場外」というイメージの変化を心配し「（移転後の跡地は）場内市場の痕跡を残してはどうかという意見があった」と言います。
個別意見でも、▽「豊洲は公共交通機関でのアクセスに難がある」（ＪＴＢグループ）▽「豊洲ブランドの形成には時間がかかる。土壌汚染のイメージをどう払拭するかが課題」「豊洲は立地が劣る」「観光スポットとしての魅力が湧かない」（はとバス）など、厳しい内容でした。

2　都の豊洲密室交渉、共産党都議団入手資料で明るみに

築地市場の移転先予定地の東京ガス豊洲工場跡地の購入をめぐる東京都と東京ガスグループ（東京ガス、東京ガス豊洲開発）との密室交渉の実態が、共産党都議団が入手した都の公文書で明るみにでました。本紙が16年12月3日付でスクープし、都は東京ガスに提示した土壌汚染対策費負担を3分の1に大幅に引き下げていたことが判明しました。

豊洲市場への移転を決めたのは石原慎太郎知事。01年に築地市場の再整備方針を撤回し、市場業者の反対を押し切って豊洲移転を決めました。新市場整備費は汚染対策費と建設費が高騰し、６２５４億円（利息分を含む）に膨らみました。

都が東京ガス側に最初に豊洲の売却を打診したのは、１９９８年９月。都は前月、三菱総研に豊洲移転の調査を委託していました。99年11月、石原知事の下で都は東京ガス側に市場の移転候補地として豊洲が最適とし、40ヘクタール取得の要望を伝えました。

東京ガス側は豊洲先端部の6街区（現・水産仲卸売場棟）、7街区（同水産卸売場棟）は土壌汚染の問題があると渋りました。

2000年5月、福永正通副知事が「交通条件の良好な位置」「豊洲が最適」と先端部の売却を要請。翌6月、東京ガスは4街区と5街区（現青果棟）の活用案を提示し、6・7街区は土壌処理で大変な費用を要すると主張しました。同年7月、東京ガスは都が提案していた豊洲と築地市場跡地の交換を拒否しました。

同年10月、石原知事の側近、浜渦武生副知事が東京ガスを訪問。土地価格や開発者負担について、「そのことは水面下でやりましょう」と提案。「（東京ガスの）株主に損をさせない仕組み作りを示す」など3項目を部下に指示し、交渉は一気に進展します。

01年2月21日、都と東京ガスは覚書を締結、豊洲地区区画整理事業の防潮護岸の開発者負担などで都が東京ガスグループの負担を肩代わりする方針を決めました。

土壌汚染対策について、両者の協議が本格化したのは03年からです。同年4月、東京ガスは「汚染の中心部である負荷の高い箇所のみを実施する」「つまり、売却時には汚染土壌が残る」と主張しました。

都「基準の10倍を超えない39カ所の汚染処理をしたくないということか」

東京ガス「その通り」

03年5月、東京ガスの要求を受けて、都は39カ所の汚染処理箇所のうち、道路下用地等を除き、26カ所に縮小して提案、「（東京ガスの）負担はかなり減ると思う」と説明しました。

同10月、都は「東京ガスの処理案は、都民には必ずしも受け入れられない。都民の納得が得られるまでの処理を行うことが不可欠である」と求めましたが、東京ガスは新たな処理費用を負担するつもりはないと突っぱねました。

同12月、東京ガスは「売買時には汚染があってもしようがないとのことであったので、最終合意がだされた」と主張。都は「議会での説明がもたない」と訴えました。

東京ガス「議会の中で、きれいになった土地を購入すると言っているのか」

都「市場が（都議会の）委員会の中で発言している」

同12月22日。東京ガスは旧工場地盤面よりも2メートル以下の深い部分は、環境基準の10倍以下の汚染が残ってもよいのかと質問。都は「それは東京ガスの判断である」と、汚染処理対策の手抜きを黙認する回答をしたのです。

■東京ガスとの汚染対策費負担交渉はバナナの叩き売り

土壌汚染対策費用の分担交渉が本格化したのは09年からです。技術会議の試算（586億円）をもとに都は当初、東京ガス側に222億円の負担を提示しましたが、強硬な値下げ要求をのんで11年3月、78億円と65％も減額して決着しました。

その交渉過程で、11年2月7日、東京ガスは「586（億円）はゼネコンの提案を踏まえたものか」と質問し、都はゼネコンの「提案」を受けて土壌汚染対策費を試算したことを認めたのです。東京ガス側は「以前も１００億かけて土対（土壌汚染対策）工事をしたのに、また１００億もかけるとなると、（上層部などから）『何をやってんだ』と突っ込まれる」と反発し、43・４億円に下げるよう主張。

東京都は当初の２２２億円から83・５億円に、そして79・１億円に譲歩し、最後は78億円と、まるで〝バナナの叩き売り〟のように、東京ガスの値切り要求に譲歩していたのです。

築地市場移転予定地の土壌汚染対策工事現場＝江東区豊洲、2012年８月４日撮影

■石原氏の説明はウソ――東京ガスとの交渉金額報告受けていた

東京ガスとの汚染分担交渉の際に、石原元知事は市場から80億円の請求を行うとの報告を受け、了承していたことも、都の交渉記録文書で分かりました。

11年２月18日、東京ガスから72億円に下げる要求を受けた際、都は「知事に説明した80億に達していない」と回答。同年３月７日の協議で都は「79億円でお願いしたい」

と懇願。「Gへの説明（80）や、都提示額（86）と東ガス提示額（72）等を考慮した額である」と主張しました。「G」は、ガバナーの頭文字で知事の略称です。

ところが石原氏は都が出した質問書への回答書（16年10月14日）で、土壌汚染地の購入価格について「ずいぶん高い買い物をしたと思う」、東京ガスの汚染費負担78億円についても「今思えばアンフェアーだと思いますが、私の判断を求められることがありませんでした」と回答。開示文書はそれが嘘であったことを、雄弁に示しています。

石原氏は、虚偽の回答を撤回し、なぜ汚染が深刻な工場跡地を高価格で購入したのか、東京ガスの汚染対策費負担を大幅減額して、都財政に損失を与えたのか、真実を語り、都民に謝罪する責任があります。

3　豊洲移転は100年悔い残す――科学者らが中止求め声明、署名運動開始

豊洲新市場予定地の土壌汚染問題をめぐり、各分野の科学者6氏が16年12月21日、都庁で会見し、「築地市場の豊洲移転は中止し、国民・都民の食の安全・安心を守れ」とする声明を発表、小池百合子知事あてに移転中止を申し入れました。

声明を呼びかけたのは、浅見輝男（茨城大学名誉教授）、熊澤喜久雄（東京大学名誉教授）、瀬戸昌之（日本環境学会会長）、富山和子（立正大学名誉教授）、本間慎（フェリス女学院大学名誉教授）、

宮村光重（日本女子大学名誉教授）の6氏。会見には呼びかけ人と賛同人の池上幸江氏（大妻女子大学名誉教授）が出席しました。

会見で本間氏は「食品を扱う市場を汚染されているところへ移転するのはやめるべき。豊洲移転は100年の悔いを残す」と強調。熊澤氏は、豊洲新市場予定地は「砂質で地下水（の水位）が高い、悪い土壌基盤に汚染物質が捨てられており、除染も大変。地下から汚染物質が噴き上げることを防げないのではないか」と述べました。

声明は、東京ガス工場跡地である豊洲新市場が有害物質で汚染されていることを知りながら、都が市場関係者の反対意見を無視して強引に移転を進めたことを批判。表層土壌の除去、盛り土、汚染地下水の管理といった土壌汚染対策がいずれも不十分かつずさんで、汚染土壌が広範囲に残っていると指摘しています。

その上で、「国民・都民の現在と将来にわたる命と健康を守るために、東京都は豊洲移転をきっぱり中止する決断をすべきである」とし、築地市場の現地再整備などを提案しています。

声明には、立川涼（愛媛大学名誉教授）、暉峻衆三（元東京教育大学教授）、畑明郎（日本環境学会元会長）、三国英実（広島大学名誉教授）の各氏ら約70人が賛同しています。

2月6日には、本間慎（元フェリス女学院大学学長）、中澤誠（東中労委員長）、纐纈美千世（日本消費者連盟事務局長）の発起人3氏が都庁で記者会見し、「築地市場の豊洲移転中止など抜本的検討を求める署名」運動を呼び掛けました。

観光客でごった返す2月18日の土曜日の築地市場近くの交差点。「豊洲移転中止署名をすすめる会」が呼び掛けた築地大デモンストレーションには2500人が参加。参加者はプラカードを掲げ、ドラムのリズムに乗って「食の安全をみんなで守ろう」とアピール、観光客や買い物客が次々に署名のペンをとりました。

発起人の纐纈さんは「食べ物は次の世代につながる大切なもの。それを供給する市場を、汚染された土地につくることは許せない」と訴えました。

日本共産党の笠井亮、池内さおり両衆院議員、都議団も参加し、「『安全・安心の市場』こそ一番の立場で国会でも取り上げてきました。豊洲移転は抜本的に再検討すべきです」と訴えました。

4　9回目の地下水調査――有害物質　基準の79倍に

「豊洲地下水　有害物質　基準の79倍のベンゼン、シアン、ヒ素も」。東京都が17年1月14日に公表した新市場用地の地下水モニタリングの最終調査（9回目）結果は衝撃的な内容でした。201の測定カ所のうち72カ所で有害物質が環境基準を超過し、ベンゼン最高濃度は基準の79倍でした。

同日開かれた都の専門家会議（第4回）では、委員から「あまりにも今までの傾向と違っている」と驚きと戸惑いの声が続出しました。それまで「1日2リットルの水を70年飲み続けても健康に影響はない」と説明してきた平田健正座長も、「今回の濃度が上にあがってくるなら、（盛り土の）再汚染がないとは言い切れない」とし、調査結果の評価については「時間をいただきたい」というのが精一杯でした。

地下水の調査は、14年から16年にかけて、市場用地に設置した201カ所の観測井戸で実施。7回目までは全地点で環境基準を下回っていました。16年9月に公表した8回目の調査では青果棟がある5街区の3カ所で環境基準の1・1～1・9倍のベンゼンと、ヒ素を検出しました。最終調査では、5街区、水産仲卸棟のある6街区、水産卸棟のある7街区のすべてで、ベンゼン、ヒ素が基準を超過。検出されてはならないシアン化合物は39カ所で検出され、環境基準を超えた観測井戸は全体の35・8％にのぼりました。この比率は、都が08年に4122地点で実施した土壌・地下水汚染の詳細調査で基準を上回った1475地点の比率（35・8％）と、奇しくも一致する結果となりました。

専門家会議を傍聴した人からは厳しい批判が相次ぎました。

日本環境学会の畑明郎元会長は「一度汚染された土壌を100％きれいにすることはできない。専門家会議は汚染土壌、地下水があることを前提に議論すべきだ。地下水のくみ上げにも失敗しており、土壌はおそらく再汚染されている。土壌の再調査もすべきだ」と発言しました。

水産仲卸の山崎康弘さんは「移転した後に（測定結果が）出なくて、本当に良かった。僕らは実験場ではなく市場をつくってほしいんだ」と訴えました。

マグロ仲卸元社長の野末誠さんは「都の対応が今までいかにでたらめだったかということだ。民間の専門家を入れて検査してほしい。そうでなければ信用できない」、水産仲卸の和知幹夫さんは「豊洲予定地は汚染地で、市場としては無理だ」と発言しました。

会合を傍聴した水産仲卸の三浦進さんは「この状態ではとても豊洲には行けない。さぼり続けてきた築地市場の補修をきちんとやってほしい」と語り、中澤誠・東中労委員長は「大量の汚染が残っている。土壌汚染対策は失敗だ」と語気を強めました。

5 百条委員会設置 都議会も責任追及へ

共産党都議団は17年1月16日、地下水モニタリング最終調査で、72カ所で基準を超えた問題で、小池百合子知事に面会し、築地市場の移転計画を抜本的に再検討するよう申し入れました。曽根はじめ都議は、小池知事の豊洲移転延期の決断は正しかったと評価。①地下水モニタリングの会社調査手法などを含め全面的に検証し、公表する②汚染地下水が上昇し盛り土が再汚染された可能性が高く、盛り土の汚染調査を行う③汚染調査や汚染対策工事について、専門家会議と異なる見解を持つ専門家を含めて徹底検証を行う④築地市場の補修、改善を急ぎ、築地市場の継続を含め移転中止の本格的検討を行う――ことを求めました。

小池知事は「モニタリングの件は私も驚きました。これまでは何だったのかと、多くの都民も感じていると思います。ご要望については共有する部分もあり、しっかり考えていきたい」と答えました。

申し入れ書は、豊洲では環境基準を大幅に上回る汚染土壌・地下水が取り残されていると指摘。汚染対策の柱としていた盛り土と地下水管理システムの破綻は明白だとしています。

申し入れ後の記者会見で、曽根氏は都議会の特別委員会をただちに開くとともに、強力な調査権を持つ百条委員会を設置すべきだと改めて主張しました。

都は1月30日、豊洲の敷地内の地下水観測地点のうち、有害物質が高濃度だった地点を中心に29カ所の再調査を開始しました。

深刻な汚染が判明した9回目の地下水調査結果（17年1月14日）を受けて、これまで移転に賛成してきた業者も都への不信を強め、移転計画の再検討を求める声が急速に高まっています。

築地市場の水産仲卸で組織する東京魚市場卸協同組合（東卸、554業者）の理事長選が17年1月31日に行われ、豊洲への移転問題で慎重派といわれる早山豊氏が、移転賛成派の伊藤淳一理事長を大差で破り、選出されました。

■都議会、全会一致で百条委員会を設置。石原元知事の責任追及を

都議会では日本共産党都議団が2月6日、新市場予定地の取得や土壌汚染、建設費の高騰問題

などを徹底究明するため、地方自治法100条に基づく強力な調査権限を持つ百条委員会を設置し、19人の証人喚問を行うよう川井重勇議長と各会派に申し入れました。

共産党の提案は、①築地市場の移転先を豊洲とし、東京ガスから土地を取得した経緯②市場予定地の土壌汚染対策の経緯③豊洲新市場の建物の設計・施工の経緯——などを調査事項としています。百条委員会の証人喚問リストは、石原、猪瀬、舛添の歴代3知事、浜渦元副知事、岡本毅《たけし》東京ガス会長、技術会議の原島文雄座長、元市場長5人、土壌汚染対策や施設建設工事を受注した大手ゼネコン3社と日建設計、地下水管理システムを受注した日水コンの社長ら19人。

16年7月の都知事選での敗北、そして豊洲新市場への移転延期、共産党都議団が告発した盛り土対策の偽装発覚などを契機に、都議会自民党に混乱が広がっています。

都議会自民党は16年末から17年1月にかけて、「豊洲新市場の一日も早い開場を」と大書したビラを都内各地で配布しました。

その直後に公表された9回目の地下水モニタリング結果に、自民党内に衝撃が走りました。16年末時点で60人いた都議会自民党のなかから3人が会派を離脱し、そのうち2人が2月、小池知事を支持する「都民ファーストの会」に鞍替えしました。

16年10月の都議会で、日本共産党が提案した百条委設置に反対した会派・議員からも、設置を求める声があがり、都議会民進党は17年1月31日に、百条委の設置を求めることを決めました。

その後、都議会自民党の11議員が2月16日に百条委員会の設置をと表明したのをはじめ、百条委に反対してきた会派も次々に設置賛成に転換。都議会は第1回定例会が開会した2月22日、新たに百条委員会の設置を全会一致で決定しました。

百条委員会の設置は、豊洲問題の疑惑解明への大きな一歩です。今後、百条委の権限をフルに発揮し、都民と市場関係者の期待にこたえて、疑惑を徹底究明し、移転計画の抜本見直しに踏み込むのかどうか、各党の立場と取り組みが問われています。

都議会議員（1期目）の手記

決算特別委員会で追及　和泉なおみ（葛飾区選出）

私は、決算特別委員会で、都の入札監視委員会が、落札率99％超の豊洲市場やオリンピック施設建設の契約を審議していないこと、監視委員会の委員長が、豊洲問題の鍵を握ると言われる元市場長の岡田至氏であったことを明らかにしました。落札率が１００％に限りなく近く、しかも1者入札のような案件なら、談合を疑って入札監視委員会で審議するべき案件のはずです。

私が「元市場長は外部（委員）と言えるのか」と聞けば「外部です」、「元市場長が委員長だから審議の対象から外したのではないか」と聞けば「そのような因果関係はありません」。

一体誰が「そうですか」と納得するでしょうか？

全く都民を馬鹿にしていると、腹が立って机をたたきそうになりました。このように都合の悪いことは都民の目から遠ざけ、追及されても開き直る都の姿勢には、驚きます。こんな感覚で、1３００万都民の税金を扱われてはたまったものではありません。

ぶれずに都政改革を推し進めるには、ぶれない政党のさらなる躍進が欠かせないと、改めて痛感しました。

何よりも都民の食の安全を

里吉ゆみ（世田谷区選出）

「築地市場の豊洲移転はもう止められないの？」。２０１０年冬、私が都議候補になったばかりのころ、小さい子どもを持つお母さんから訴えられました。私にも小さい子どもがおり、食の安全を考えたらガス工場の跡地で汚染が明らかな豊洲への移転は許せないのは、私も同じです。当時は石原知事のもと、自民・公明が豊洲への移転に賛成しており、何とか移転を中止してほしいという声が改めて出されたのも当然でした。

11年3月11日、福島原発事故が起きた後は、放射能から子どもの食を守ろうと、お母さんたちと学校給食の放射能調査を求め実現させました。私自身も、水道水から放射能が検出されたときは息子のミルクのために安全な水を探しまわりました。豊洲の土壌汚染問題も同じように、私たちや子どもたちの食の安全に関わる問題です。〝建物が出来上がってしまったからもったいない〟などという問題ではありません。

この夏、都民の世論を背景に小池知事が豊洲移転延期を決めたこと、共産党が建物下に盛り土がなかったことを発見したことなどが豊洲移転ありきの流れを大きく変えてきました。なによりも都民の食の安全と命を最優先に豊洲移転計画の抜本的再検討を求めていきます。

豊洲ありきで深刻な問題に　白石たみお（品川区選出）

私は、都議会議員になる前、すし屋に勤めていました。見習いの時は、朝早くから築地市場へ行き、新鮮な魚を吟味して仕入れることが日課でした。穴子はあの店、貝類はあの店など、良い品を探し回りました。仲卸は、長年にわたって鍛えられてきた目利きにより、誇りと自信をもって品物を売っています。店ごとに、それぞれの特徴があります。

ある築地の業者は「安全でおいしい魚を売りたいだけ。土壌汚染があるところで売られた魚を子どもに食べさせられるのか」と、そのまなざしは真剣です。現在、豊洲予定地からは基準を超える水銀など有害物質が検出され、土壌汚染の解決のめどは立っていません。豊洲ありきで移転計画を進めたことが、より問題を深刻化させている原因です。

私は、地下空間のたまり水を検査してもらうために採取しましたが、その時、手はヒリヒリし、ぬめりを感じ、たまり水の異常さを実感しました。家庭にある漂白剤並みの強アルカリだったからです。

この水からは、その後、ベンゼン、ヒ素、水銀など有害物質が次々と検出されています。土壌汚染による不安を抱えたままの豊洲移転は、これまで安全・安心の食文化を80年間にわたり支えた築地の歴史を根底から揺るがすものであり、計画の抜本的見直しの決断が求められます。

地元の肉屋さんから激励の声　とくとめ道信（板橋区選出）

私が、初めて豊洲新市場の地下に共産党都議団として現地調査に入った時に、都の担当者から、「都議の先生が中に入ると酸欠になる」「地下水は持って行かないで」などの声を聞かされながら、土壌汚染対策の盛り土のない巨大地下空間を確認しました。この瞬間、「豊洲移転問題」の背後にとてつもない事態が潜んでいることを直感しました。

この間のわが党都議団の先駆的活動に対する、メディアの相次ぐ取材とわが党都議の出演を通じて、豊洲移転問題の真相と、石原知事以来、３代知事のもとでの都政の無責任、隠蔽の実態が一気に明らかになり、都民の中に衝撃と怒りが広がりました。

こうした中で、都議会定例会の代表質問を傍聴した私の地元の肉屋の店長から、「徹底的に追及して真相を究明してほしい」と激励の言葉をもらいました。

また、私の田舎の鹿児島から、「共産党は豊洲問題で頑張っているね。今度、『赤旗』日刊紙を読むことにしたよ」と柔道部の大先輩が電話してきました。私の長い経験からも、いままでにない反応でした。

都民の中に広がる怒りと期待の声を力にして、夏の都議選での勝利と躍進を勝ち取って、食の安全と福祉を守りぬく都政に刷新するために、全力をあげる決意です。

石原元知事への聞き取り迫る　米倉春奈（豊島区選出）

私は、４年前の都議選に立候補した時、「政治は変えられる」と訴えてきました。築地市場の豊洲移転は、これまで３代にわたる知事のもと強引に進められ、この15年間、見直されることはありませんでした。しかし、16年９月、私たちが盛り土問題を告発して、都政を揺るがす大問題となり、立ち止まらせることができました。これは、長年の市場関係者や都民の運動と、この間、一貫して食の安全・安心を守る立場で移転見直しを求めてきた日本共産党都議団が議席倍増した力だと実感しています。

深刻な土壌汚染がある土地の買収を、強引にすすめてきた石原元知事の責任はきわめて重大です。本会議での「石原元知事と浜渦元副知事から聞き取りを」との共産党の代表質問に、小池知事が「真摯に考えていきたい」と答弁しました。私は、本会議の討論に立ち、速やかに聞き取りを行うよう知事に求めました。

私たちの一連の議会追及や記者会見にはマスコミが殺到し、テレビカメラが並びます。土壌汚染や、土壌汚染対策の問題を一貫して指摘してきた共産党都議団だからこそ、議論をリードし、小池知事も私たちの提案に応えていると実感しています。党都議団をさらに大きくし、市場移転の抜本的再検討を実現し、大型公共事業優先の都政の大元を正したいと強く思います。

〈築地市場移転問題をめぐる年表〉

1956～88年		東京ガス豊洲工場が操業
88年	11月	東京都が築地市場の再整備基本計画を策定
91年	1月	現在地再整備工事に着手
96年		再整備工事が中断
97年		再整備計画の見直し、再検討
99年	4月	石原慎太郎知事が就任
	11月	都が東京ガス側に市場の移転候補地として豊洲が最適との意向を伝える
	12月	「築地市場移転に断固反対する会」が総決起大会。日本共産党都議団の代表も出席
2001年	1月	東京ガス、豊洲工場跡地の土壌汚染を公表
	2月	石原知事が都議会で豊洲移転方針を表明
	4月	都卸売市場審議会が豊洲移転の「卸売市場整備基本方針」を答申。共産党は反対
	12月	都が第7次整備計画で豊洲移転を正式決定
02年	1月	都卸売市場審議会で豊洲移転の整備計画を報告。共産党は反対
03年	5月	都が「豊洲新市場基本構想」を公表
05年	4月	都卸売市場審議会が豊洲新市場を12年度をめどに開場するとの基本方針を答申
06年	10月	築地市場業者の「市場を考える会」が築地市場移転反対のデモ。共産党の代表も参加
07年	2月	都議会で共産党が豊洲予定地の液状化の危険を指摘
	3月	東京ガスが豊洲予定地の土壌汚染対策を完了
	5月	都が設置した「専門家会議」が初会合を開く
	11月	専門家会議が豊洲予定地の土壌の詳細調査（4122カ所）の実施を決める
		笠井亮衆院議員が質問主意書で築地市場移転問題を追及。国は消費者に十分な説明を行い理解を

08年 5月 得るよう都に求めるとの答弁書を決定
豊洲予定地ののべ1500カ所以上から環境基準を超える有害物質を検出。ベンゼンは最高4万3000倍、シアンは最高860倍（7月に同930倍）
市田忠義議員が参院環境委で土壌汚染対策法の見直しを要求
7月 共産党都議団が汚染調査の徹底と第三者による公正な検証を知事に申し入れ
都専門家会議が汚染土壌の掘削と盛り土を提言
8月 都が「技術会議」を設置。非公開で協議を始める
09年 1月 豊洲予定地地下の「不透水層」欠落と、高濃度のベンゾ（a）ピレン汚染が発覚
2月 技術会議が汚染土壌処理策を提言。共産党都議団は「食の安全確保を二の次にするもの」と批判
7月 都議選で、豊洲移転反対を掲げた党が過半数に
9月 都議会が築地市場移転・再整備特別委を設置
10年 3月 都が汚染土壌処理実験の「中間報告」を公表。都議会で共産党が実験のずさんさを告発し、市場会計予算案から移転関連経費を削除する修正案を提出
4月 共産党都議団が汚染土壌処理実験の重要なデータ隠蔽を告発
10月 石原知事が豊洲移転予算の執行を宣言
11月 都中央卸売市場の技術幹部らが豊洲新市場の地下空間案を決定
11年 3月 東日本大震災で豊洲予定地が液状化していたことを、共産党都議団が現地調査で確認
都が豊洲予定地の一部を買収し、東京ガス側の汚染対策費負担を78億円とすることを公表
5月 都卸売市場整備基本方針で豊洲新市場を14年度をめどに開場すると明記
8月 豊洲予定地の土壌汚染対策工事入札で大手ゼネコン3社中心のＪＶが落札率97％で落札
10月 都の土壌汚染対策工事を技術会議が追認
11月 都議会で共産党が土壌汚染対策工事の談合疑惑を追及
12年 9月 豊洲予定地地下から基準の1000倍のベンゼンが検出

	10月	石原知事が任期途中で辞職
	12月	猪瀬直樹知事が就任
13年	1月	都が土壌汚染対策工事の工期と豊洲新市場の開場延期を発表
	6月	都議選で共産党が8議席から17議席、第3党に躍進
	11月	豊洲新市場本体建設工事の入札が不調に
	12月	猪瀬知事が徳洲会5000万円裏金事件で辞職
14年	2月	舛添要一知事が就任
		豊洲新市場本体建設工事の入札で大手ゼネコンJV3者が99%以上の高率で落札
		豊洲新市場建設工事の起工式
	9月	都議会で共産党が豊洲新市場の主要施設建設費の急騰問題を追及
	11月	都技術会議が土壌汚染対策を「全街区で完了」と宣言
	12月	都議会で共産党が豊洲新市場の「安全性確認とはいえない」と追及
15年	7月	都が豊洲新市場を16年11月7日に開場すると発表
	8月	豊洲新市場予定地の汚染調査を都が怠っていたことが市民団体の調査で判明
16年	3月	都議会で共産党が豊洲新市場の構造上の欠陥を追及
	6月	舛添知事が公私混同問題などで辞職
	7月	都が知事選の最中に築地市場の解体工事を発注
	8月	小池百合子知事が就任
		豊洲新市場の青果棟内の大気中でベンゼンを検出していたことを「しんぶん赤旗」がスクープ
		共産党都議団が小池知事に豊洲新市場移転計画の抜本的再検討を申し入れ
		小池知事が豊洲新市場の開場延期と市場問題プロジェクトチームの設置を表明
	9月	豊洲新市場の施設地下で土壌汚染対策の盛り土がなく地下空間を造っていたことが共産党の調査で発覚

共産党都議団が小池知事に豊洲新市場の盛り土不実施や談合疑惑の徹底究明を申し入れ
共産党都議団が地下空間のたまり水からヒ素を検出したと公表
都が専門家会議を再設置。座長がたまり水は地下水と判断
豊洲新市場予定地の8回目の地下水調査、3カ所で基準超のベンゼン、ヒ素を検出
都が第1次「自己検証報告書」公表

10月　都議会で共産党が新市場の地下水管理システムをめぐる疑惑を追及
都の「自己検証報告書」で盛り土不実施の経緯を捏造していたことが発覚
都議会で共産党が提出した百条委員会設置の動議を自民、公明、民進系2会派（現・東京改革）、かがやけ（現・都民ファーストの会）、生活者ネットが反対し否決
都議会が豊洲新市場問題の特別委を設置
都が中央卸売市場長を更迭
青果棟の地下空間の大気中から指針値の7倍の水銀を検出

11月　都が第2次「自己検証報告書」を公表。盛り土問題で元市場長ら幹部8人の懲戒処分を発表
小池知事が移転計画について安全性を検証し17年夏頃に判断すると表明
豊洲新市場の工事入札で都の監視委が機能していなかったことが共産党の追及で発覚
小池知事が豊洲問題でOB含め幹部18人を処分すると発表

12月　新市場予定地の購入をめぐる都と東京ガスとの密室交渉の内容が共産党都議団に開示した文書で判明
都議会で共産党が豊洲移転の抜本的再検討を要求
科学者6人が会見し豊洲移転計画の中止を求める声明を発表

17年
1月　豊洲新市場予定地の9回目の地下水調査で基準の79倍のベンゼンを検出

2月　共産党都議団が議長に百条委員会設置を再提案。都議会が全会一致で百条委員会設置を決定

測定地点201カ所のうち72カ所で有害物質が環境基準を超え、最高で基準の79倍ものベンゼンを検出した豊洲新市場予定地の地下水モニタリングの最終調査結果（17年1月）は、移転に賛成・推進してきた都議会会派の議員の間に衝撃が走りました。

小池知事が移転問題の結論を出したいとしていた時期は、当初の17年夏からずれ込む見通しです。舛添知事のもとで、都が土壌汚染工事完了後、地下水のモニタリング結果がでないうちに強引に市場施設を建設し、16年11月7日に豊洲新市場の開場を決めてしまったことは極めて重大です。

舛添氏の辞職を受けて行われた16年7月の都知事選で、小池、鳥越俊太郎（4野党統一）、増田寛也（自公推薦）の有力3氏のうち、11月7日の開場を公約したのは増田氏だけでした。もし11月に開場を強行していたら大混乱が生じていたことは、明白でしょう。

元中央卸売市場長の岡田至氏が都を退職後、記者は12～13年にかけて天下り先企業の社長室を訪ね、豊洲問題などについて取材をしました。岡田氏は「墓場まで持っていく話。宮良君（元新市場整備部長）にも、赤旗記者には話さないように言っておくから」と説明を拒んでいました。

岡田、宮良真両氏は16年11月に盛り土問題で都から処分を受けた当事者です。都政の闇を「墓場」まで持ち込むのではなく、石原元都知事らとともに真相を語る責任があるのです。

東京都議会は百条委員会の設置を決めましたが、深刻な土壌汚染地に「食の安全・安心」を第一とする市場を移転させようとしてきたことをはじめ、数多くの疑惑を徹底究明するのかどうかが問われています。

「しんぶん赤旗」の都政報道は、これまでも他のメディアから「追及する赤旗に石原慎太郎が『白旗』？」（『週刊朝日』07年2月23日号）、「石原都政の腐敗となると、『赤旗』以外に追及するメディアが存在しない」（「東京新聞」11年1月30日付、山口二郎氏のコラム）と紹介されました。ある著名なジャーナリストは、「（赤旗は）都政の羅針盤ですね」と記者に感想を述べました。

本書は、日本共産党都議団事務局の秋田裕道氏が3章を、その他の章は豊洲問題取材班の細川豊史、岡部裕三（首都圏総局）、芦川章子（社会部）、川井亮（東京都専任）が執筆。そして全体を日本共産党都議団が監修しました。

取材にご協力いただいた東京都、市場関係者、関係企業、市民団体、学者・専門家、弁護士の方々、出版の機会を提供していただいた新日本出版社の田所稔社長、編集担当の久野通広氏に感謝を記します。

２０１７年2月22日
取材班を代表して　キャップ・岡部裕三

徹底追及《てっていついきゅう》　築地市場《つきじしじょう》の豊洲移転《とよすいてん》——崩《くず》された「食《しょく》の安全《あんぜん》・安心《あんしん》」

2017年3月20日　初　版

著　者　赤旗編集局
監　修　日本共産党東京都議団
発行者　田所　稔

郵便番号　151-0051　東京都渋谷区千駄ヶ谷4-25-6
発行所　株式会社　新日本出版社
電話　03（3423）8402（営業）
03（3423）9323（編集）
info@shinnihon-net.co.jp
www.shinnihon-net.co.jp
振替番号　00130-0-13681

印刷　亨有堂印刷所　　製本　光陽メディア

落丁・乱丁がありましたらおとりかえいたします。
Ⓒ The Central Committee of the Japanese Communist Party 2017
ISBN978-4-406-06132-2 C0036　Printed in Japan

Ⓡ〈日本複製権センター委託出版物〉
本書を無断で複写複製（コピー）することは、著作権法上の例外を除き、禁じられています。本書をコピーされる場合は、事前に日本複製権センター（03-3401-2382）の許諾を受けてください。